Eneagrama

Eneagrama Actual para el Descubrimiento Propio y de los Demás a través de los Tipos y Subtipos de Personalidad para Guiarte hacia el Propósito, la Consciencia, el Conocimiento de Ti Mismo y las Relaciones Saludables

Alex Fletcher

Índice de Contenidos

Introducción: Una Guía hacia la Transformación Espiritual

Capítulo 1: Tres Estructuras, Alas y Líneas de Integración

Capítulo 2: Tipos de Personalidad

Capítulo 3: Test de Personalidad

Capítulo 4: Subtipos (27)

Capítulo 5: Consciencia Propia y Crecimiento a través de tu Tipo de Personalidad

Capítulo 6: Eneagrama, Relaciones y Amistades

Conclusión

© Copyright 2018 – Todos los derechos reservados.

No es legal reproducir, duplicar o transmitir cualquier parte de este documento en formatos tanto digital como impreso. Las grabaciones de esta publicación están estrictamente prohibidas.

Introducción: Una Guía hacia la Transformación Espiritual

El eneagrama es una poderosa puerta hacia la comprensión de los demás y la propia consciencia. Da una descripción de distintas dinámicas y estructuras concernientes a los principales tipos de personalidad, creando el camino hacia una vida más íntegra y gratificante. Viene de la palabra griega *'ennea'*, que se podría traducir como *nueve*, y *'grammos'*, que significa *algo escrito o dibujado*.

Así que estas son nueve estrategias distintas para relacionarte contigo mismo y con los demás. Cada una representa una forma diferente de pensar que nace de las distintas motivaciones y perspectivas del mundo. Así, el eneagrama permite una mejor comprensión a través de un lenguaje universal que trasciende nacionalidad, cultura, religión e incluso género. Tu eneagrama funciona como una base de operaciones desde la que puedes tener un sentido de integración e individualización. Es crucial tener en mente que eneagramas diferentes pueden mostrar comportamientos similares. Los estilos no se basan únicamente en el comportamiento y las representaciones externas pueden ser engañosas.

Con el fin de distinguir entre los diferentes eneagramas, uno debe tener la motivación para explorar los motivos por los que la gente puede elegir actuar de una determinada manera y por qué le dan valor a comportarse así.

Historia del Eneagrama

Las primeras referencias históricamente documentadas sobre el eneagrama estarían en la geometría sagrada de los pitagóricos, que se interesaron por el profundo significado de los números hace 4000 años. Fue la misma línea de matemáticas místicas que continuaron Platón y Plotino. Algunos creen que la tradición fue posteriormente asimilada por el judaísmo esotérico a través de un filósofo judío neoplatónico, donde el eneagrama es representado como un árbol de la vida, simbolismo que se relaciona con los nueve ángulos o dobleces. Pueden verse otras variaciones del símbolo en la tradición sufí islámica.

En los años 1300, la Naqshbandiyya, una orden sufí conocida como "la hermandad de las abejas", presuntamente conservó y legó la tradición del eneagrama. Después de eso, se dice que encontró el camino hacia el cristianismo esotérico a través de Pseudo Dionisio y Ramon Llull. La comprensión más precisa y reciente del eneagrama pertenece a George Gurdjieff, un profesor de esoterismo ruso que fue contemporáneo de Freud. Gurdjieff consideraba que el eneagrama tiene la llave de todo el conocimiento del universo. Lo usó para explicar las leyes relacionadas con la creación e insinuó haber tenido conocimiento del eneagrama en los años 20 durante una visita al monasterio sufí de la hermandad Sarmouni, en Afganistán.

En otra parte del mundo, las enseñanzas del eneagrama florecieron a través de Óscar Ichazo como parte de la Escuela de Arica, en Sudamérica. Se encontró que el eneagrama, aparentemente, organiza todas las leyes que operan en los seres humanos. Mientras que Gurdjieff usó el eneagrama para toda la realidad, incluyendo al ser humano como individuo, Ichazo hizo un mejor uso de su figura y su dinámica para explicar el funcionamiento de la psique humana. Otro psicólogo, Claudio Naranjo, tomó el relevo de Ichazo e introdujo aún más el eneagrama en la psicología occidental durante los años 90 al enmarcar los conceptos en el lenguaje psicológico contemporáneo.

Una evaluación concerniente a los orígenes del eneagrama y sus enseñanzas se define en términos de las limitaciones características de los tipos particulares de personalidad. El problema de esa redefinición deriva del hecho que, según las enseñanzas del eneagrama, cada individuo debe elegir un tipo de personalidad como estrategia básica para lidiar con el entorno lo rodea en ese momento. Todos los tipos de personalidad tienen sus motivaciones intrínsecas, ya que pecar es, aparentemente, inevitable. Si el pecado es inevitable por ser el resultado de un tipo de personalidad, eso significaría que la solución se encuentra en compensar la personalidad de uno siguiendo las prescripciones que proporciona el eneagrama. El remedio a pecar se convierte en una cuestión de grandes conocimientos en oposición a una reforma de la voluntad. En el cristianismo, el pecado es un comportamiento insano y puede contrarrestarse a través de una mejor comprensión, ya que es, en esencia, un problema moral a los ojos de Dios. Las enseñanzas del eneagrama oscurecen la comprensión cristiana en lo que al pecado se refiere porque sus orígenes son paganos.

Hay una serie de trabajos teóricos que han intentado desarrollar aplicaciones potenciales del eneagrama. En relación con los negocios, el eneagrama ha sido integrado en un trabajo teórico que presenta nuevos marcos para la adquisición de conocimiento y propone que el eneagrama sea utilizado para desarrollar e integrar conocimientos en las ciencias sociales. También en un trabajo presentado por Kamieni en 2005 sobre la segmentación del mercado se sugirió la utilización de la tipología del eneagrama para iniciar estrategias de marketing para los segmentos de mercado regionales. Las sugerencias para mejorar la espiritualidad en el ambiente laboral recomendaban la introducción del eneagrama como forma de que las corporaciones crearan compañías más armoniosas y rentables.

Por qué Es Cierto

La tradición del eneagrama define la personalidad como la acumulación de los patrones emocionales y mentales que constituyen a una persona a lo largo de la vida. Esto es, el individuo que creemos que somos y la forma en que nos presentamos al mundo.

Esos patrones incluyen las formas habituales de pensamiento, percepciones y sentimientos. Palabras como ego, personalidad y falso sentido de uno mismo son similares y se usan de forma intercambiable con las enseñanzas que se propagan a través del eneagrama. Se afirma que la personalidad es una imitación del verdadero ser. Es fija y reacciona al entorno, que está en constante cambio, de formas predecibles y condicionadas. Dicho esto, se puede afirmar que la personalidad es aquello a lo que nos hemos acostumbrado, en contraposición a quienes realmente somos. El verdadero ser puede considerarse como un proceso más que como una identidad fija. Los flujos de esencia son cambiantes y responden fresca y adecuadamente teniendo en cuenta las situaciones variables del entorno.

La determinación del tipo de personalidad de un individuo con el uso del sistema del eneagrama no lo pone necesariamente dentro de una caja de nueve arquetipos definidos. Ayuda a la gente a ver la caja desde la que son capaces de experimentar el mundo. Con esto en mente, uno puede salirse de su propia visión del mundo. Idealmente hablando, la personalidad es efectiva al permitirnos expresarnos porque somos capaces de categorizar e identificar quienes somos realmente. Al mismo tiempo, puede haber problemas cuando la gente se vea atrapada en hábitos automáticos. Al descubrir estos patrones inconscientes, la gente es capaz de llevar vidas más plenas y disfrutar de unas relaciones, por lo general, más sanas. Trabajar con el modelo del eneagrama permite a las personas tener más éxito en sus relaciones en casa y dentro del ambiente laboral. A través de la comprensión de las reacciones automáticas y los puntos ciegos, la gente puede volverse más flexible con las personas que hay en sus vidas y entender lo que los demás piensan y sienten. Esto hace que sea más fácil tolerar a otras personas y ser más compasivo. También ayuda a que las personas no se tomen sus reacciones o su hostilidad de una forma personal. Mediante la identificación de lo emocional y psicológicamente defensivo que eres, el eneagrama te da una oportunidad de crecer profundamente. A otro nivel también te permite desarrollar tu relación contigo mismo y mejorarla, así puedes ser más productivo contigo mismo y todo lo que hay en tu vida.

Sencillamente, el eneagrama aumenta la capacidad que uno tiene en lo que se refiere a autoobservación. Proporciona una visión de cómo son las manifestaciones más saludables de los tipos de personas. Usando este detalle, establece el camino para conseguir un mayor nivel de consciencia. Cada tipo dentro del eneagrama tiene comportamientos particulares que satisfacen sus necesidades y deseos. Esos comportamientos suponen su principal estrategia en la vida y dirigen gran parte de lo que cada tipo hace. El eneagrama puede ayudar a las personas a darse cuenta de cuando se están dejando llevar por sus pasiones, permitiéndoles satisfacer sus necesidades de una forma más sana.

Por ejemplo, la pasión del tipo número siete es la gula. Su significado tradicional es comer de más, pero puede hacerse extensivo a consumir de más. Las personas de este tipo buscan experiencias que les ayuden a sentirse plenos y temen no poder lograrlo. En realidad, pueden llegar sentir que nada en lo que se embarquen puede darles la sensación de plenitud que buscan para ser felices.

Eneagrama como Herramienta de Autodescubrimiento para Beneficiar tu Vida

El eneagrama te permite embarcarte en un viaje de iluminación y aceptación propias por quien realmente eres. Todo el mundo tiene una fuerza impulsora y una estrategia preferida para los talentos y fuerzas únicos que nos hacen individuos. Vemos el mundo y el presente con perspectivas específicas y nos vemos atraídos en direcciones particulares como individuos. Estas preferencias pueden convertirse en formas de comportamiento, que también limitan las formas en que crecemos. A veces, cuando la gente descubre por primera vez el tipo en particular que son, pueden pensar que les gustaría ser de otro tipo. Eso es indicativo de que están juzgando un tipo como más deseable en comparación con otro. La clave para utilizar el eneagrama es la exploración sin hacer uso de juicios. La idea es que cada patrón proporciona un gran reservorio de talento que es igualmente valioso. Estás indudablemente creciendo y madurando cada día por lo que no debería haber límites para tu potencial, independientemente de tu tipo de personalidad. En cada arquetipo hay diferentes niveles de madurez y generatividad. Aun así, el grado de madurez puede variar en diferentes contextos.

Cada tipo del eneagrama representa un profundo hábito. Muestra una temática que para mucha gente es constante a lo largo de sus vidas, aunque las posibilidades para el desarrollo mental, físico o espiritual no tienen límites. El tipo de personalidad es una forma fundamental de costumbre. Con algo de tecnología y entrenamiento es posible usar la información obtenida para transformar patrones en comportamientos y percepciones más eficaces.

A medida que estudiamos nuestros tipos, empezamos a darnos cuenta de que hay un rango de comportamientos de más a menos sanos en los que participamos inconscientemente. Cuando estamos relajados, podemos sentirnos a salvo y usar dones naturales que son inherentes a nuestro tipo y que están a nuestra disposición. De forma parecida, cuando estamos bajo presión, tenemos formas de reaccionar que pueden ir en contra de nuestras mejores intenciones.

También podemos reaccionar de la mejor manera posible para protegernos del dolor, el miedo o la vergüenza y responder tan rápidamente que ni siquiera reconocemos el efecto que tiene en otras personas. Cuando logramos entender nuestros tipos, desarrollamos las habilidades adecuadas que son específicas de esos tipos y eso nos permite reducir los niveles de estrés que guardamos a modo de reactividad y respuestas rápidas, cosas que afectan negativamente a quienes nos rodean. Esto también permite la ilustración de dones aún mayores y, a medida que seguimos aprendiendo, entendemos que los demás también tienen patrones inconscientes y reacciones que son predecibles durante tiempos de crisis, cosas que suceden más allá del nivel actual de consciencia.

Tras más estudio, uno puede empezar a desarrollar rasgos valiosos, tales como compasión y comprensión hacia uno mismo y los demás, para después apreciar lo rápido que se puede desencadenar una respuesta y lo mucho que pueden pasar desapercibidos esos patrones. Con el paso del tiempo se vuelve más fácil desarrollar habilidades para que las cosas vayan más despacio y podamos salir del trance en el que nos envuelven los patrones en los que nos involucramos. Entonces podemos volvernos compasivos y sensibles a las vulnerabilidades emocionales de todo el mundo y ser más hábiles al darles su espacio. Bajo estrés, cada categoría tiene una forma de desconectar emocionalmente de sus seres queridos.

La exploración en profundidad acerca del eneagrama también nos ayuda a navegar por nuestras relaciones con más aptitudes. Conocer los tipos de personalidad de tus familiares y colegas puede aumentar tu comprensión de sus miedos, defensas y motivaciones, permitiéndote entender cómo interactúan contigo y con los demás. El otro motivo para embarcarte en este viaje de autoexploración es el compromiso de vivir una vida consciente y cariñosa, aunque cada día puedas cruzarte con situaciones y personas que puedan dar lugar a reacciones con las que te sabotees a ti mismo. Incluso si llevas algún tiempo en un camino espiritual, puedes llegar a sentirte humillado por la facilidad con que las reacciones inconscientes te pueden conducir a patrones que pensabas que ya habías superado.

Puede ser que te distancies cuando tu pareja expresa emociones dolorosas porque entra en conflicto con tu actitud despreocupada o puede que te refugies en el alcohol o las drogas cuando sientas que te dejan de lado o que las cosas no van como te gustaría. Independientemente del patrón, todo el mundo tiene hábitos que bloquean su capacidad de expresión y su alegría. Todos esos patrones negativos provocan sufrimiento y están vinculados a hábitos negativos de los distintos tipos de personalidad del eneagrama. Aun en el caso de ser capaz de recitar de memoria verdades profundamente espirituales cuando se desencadenan esos patrones, puedes llegar a olvidar la imagen completa de quien eres y los dones únicos que puedes compartir con el mundo. La pregunta que surge entonces es cómo uno puede encontrar claridad y liberarse de los miedos, motivaciones y deseos que alimentan esos patrones de comportamiento y desencadenan otras reacciones en los demás.

Capítulo 1: Tres Estructuras, Alas y Líneas de Integración

Tres Centros

Los seres humanos tienen tres formas principales de experimentar el mundo: a través de pensamientos, sentimientos y sensaciones. El modelo del eneagrama y otros enfoques místicos consideran la existencia de tres centros de inteligencia, además de la percepción, que median en las experiencias vitales que tiene la gente y sus reacciones a las mismas. Son el corazón, la cabeza y el cuerpo o centros motor, mental y emocional. Desde un punto de vista psicológico, todo el mundo usa los tres centros. Todo el mundo percibe su entorno y tiene una reacción emocional o piensa en diferentes cosas, aunque cada tipo de personalidad puede dar prioridad a uno de ellos como su principal canal de percepción y respuesta a incidentes. El diagrama distingue tres tríadas, todas ellas correspondientes a uno de los centros y los tres tipos que contienen, llamados tipos motor, mental y emocional. Cada centro en particular tiene su propia forma de experimentar la vida y las emociones negativas y preocupaciones asociadas a ella. Los principales tipos de cada tríada son los que favorecen ese centro en particular y revelan formas de lidiar con sus problemas.

Los nueve modos del eneagrama se agrupan en tres centros: el corazón, la cabeza y el cuerpo. Aunque todo el mundo tiene esos tres centros, cada tipo de personalidad tiene una fortaleza particular y su base en uno de ellos. El centro motor incluye los tipos 8, 9 y 1, que se forman como una respuesta a la ira. El centro mental incluye los tipos 5, 6 y 7, creados como respuesta al miedo o la ansiedad, y el centro emocional incluye los tipos 2, 3 y 4, formados en respuesta a la vergüenza y la imagen propia. La comprensión del centro principal de uno nos proporciona las claves para el potencial desarrollo personal y profesional al ser capaces de superar los puntos ciegos.

Los tres centros de una persona interactúan entre sí y uno no puede trabajar en uno de ellos sin afectar a los otros dos. De hecho, el centro donde reside el tipo del eneagrama es la parte de la psique que la gente es más incapaz de hacer funcionar libremente porque está bloqueada por el ego. Por ejemplo, el tipo 9 del eneagrama, que pertenece al centro motor, es el que más desacoplado está de su cuerpo de todo el eneagrama, no física, sino internamente hablando.

Teniendo en cuenta que hay muchos grupos de tres en el eneagrama de la personalidad, hay muchas formas de separarlo en piezas de tres componentes. Puede llevar algo de tiempo absorber la información compleja y es posible que no la puedas incorporar toda al primer intento. Eso es parte de su encanto, ya que así el eneagrama es siempre algo nuevo y sorprendente en lo referente a los matices de su visión, que van evolucionando a lo largo del tiempo. Si usas el eneagrama con el único fin de convertirte en un número y para perdonar y explicar tus malos hábitos, entonces te estás perdiendo la verdadera finalidad. La finalidad sería usar el eneagrama como una plataforma para el autodescubrimiento y el crecimiento personal. Después de décadas de estudio y observación, el eneagrama te permitirá desvelar tu *yo* más profundo y tus secretos.

Centro Motor

El centro motor se centra en los instintos, por eso a veces se le llama centro instintivo. Es el centro que se ocupa de ser más que de sentir o pensar. Nos relacionamos físicamente con nuestro entorno a través de este centro.

Este centro alberga los tipos 8, 9 y 1, como ya hemos mencionado. Estos tres tipos tienen distorsiones en sus instintos, la raíz de la fuerza vital y la vitalidad. El centro motor abarca la inteligencia corporal, que es la expresión directa de nuestra existencia. Es un sentido de la vida que conecta con nosotros y se comunica con las demás cosas. Cuando no estás presente, pierdes tu sentido de seguridad, existencia y plenitud. La principal emoción del centro motor es la ira. Esta suele venir de una respuesta instintiva en relación con una sensación de interferencia o de confusión. El miedo inconsciente tiene que ver con la unidad y es ahí donde la gente se puede perder a sí misma o su buen funcionamiento. El centro motor necesita autonomía y se preocupa por la influencia del entorno.

Como tal, los tipo 8 suelen exteriorizar su enfado o expresarlo fácilmente y de forma rápida. También pueden subir la guardia muy rápido, de forma que nadie pueda llegar a ellos o herir sus sentimientos. Su ira puede venir de muchas situaciones donde ellos u otros individuos experimenten injusticias.

Centro Mental

Aquí es donde tienen lugar los pensamientos, al igual que el análisis, los recuerdos y la proyección de ideas sobre lo que otras personas y eventos deberían ser. Los tipos con base en el centro mental son los 5, 6 y 7 y responden a la existencia mediante el uso de sus pensamientos. También pueden tener una imaginación vívida y una gran capacidad de analizar y correlacionar ideas. Incluso aquellos que son muy gregarios afirman estar satisfechos con la compañía que le proporcionan sus propios pensamientos. Para esos tipos, pensar representa una forma de evitar el miedo.

Tu mente tiene que mantener todas sus defensas y dar con un sentido disociado de ti mismo y una dirección. La emoción principal del centro mental es el miedo. Cuando puedes experimentar la quietud y la presencia de forma directa, los percibes como la base de todo. Ese conocimiento es la base de la fe. Cuando pierdes la base que te soporta y te guía, es posible que entres en pánico y sientas miedo. Los tipos del centro mental necesitan seguridad y les preocupan las creencias y las estrategias. Los tipo 5 pueden reaccionar al miedo replegándose en su mente y reduciendo sus necesidades personales. Necesitan un ejemplo para dominar algo y sentirse seguros y observar su entorno para analizar lo que está pasando. Los tipo 6 responden al miedo considerando lo que podría pasar en el peor caso posible. Por lo general, pueden estar listos para cualquier cosa que pueda salir mal. Pueden buscar la guía de quienes estén al mando en caso de tener que lidiar con problemas de falta de directrices o pueden rebelarse contra esas autoridades cuando se vuelven dependientes. Los tipo 7 reaccionan al miedo intentando convertir las situaciones raras e incómodas en algo excitante y nuevo con el fin de evitar ese sentimiento de miedo. Pueden sentirse atrapados en el dolor, el duelo o la ansiedad y se refugien en alguna actividad que los ayude a escapar o los mantenga ocupados.

Centro Emocional

Aquí es donde la gente experimenta las emociones o las sensaciones que les dicen la forma en que se sienten acerca de lo que piensan. Las emociones del corazón pueden ir desde el sentimiento más fuerte hasta el más sutil. En general, la gente se siente conectada entre sí a través de este centro, pero también buscan plenitud y amor. Aquí se incluyen los tipos 2, 3 y 4, que tienen distorsiones relacionadas con sus sentimientos. El corazón es consciente de la verdad y nos lo hace saber a través de nuestra identidad y la realidad de quienes somos. También es donde la gente saca el significado de su existencia. Cuando una persona dice algo cierto, el corazón estará de acuerdo y puedes sentirte conectado con ese mensaje y con la persona que lo emite. Como tal, estar en contacto con el centro emocional muestra la calidad de la existencia y muestra cómo saber la verdad. Otra emoción frecuente en lo que al centro emocional se refiere es la vergüenza. Los tipos 2, 3 y 4 buscan reconocimiento, validación y reflexión. Lo necesitan porque cuando eres joven, hay una capacidad limitada de reflexión. Solamente puedes afirmar quien eres a través de la perspectiva de los demás. Como tal, cuando no recibes la atención que te gustaría sientes algo de vergüenza y un sentido de deficiencia o vacío. El centro emocional necesita mucha atención y se preocupa por la forma en la que se nos ve y nuestra imagen propia.

Los tipo 2 pueden preocuparse por los demás con el fin de tener una buena relación y no sentir vergüenza. Pueden crear una imagen de ser simpáticos y necesitados por otros, aunque tengan problemas a la hora de saber lo que ellos mismos quieren o sienten. A menudo se dan cuenta de ello cuando mucha gente depende de ellos para su supervivencia. Los tipo 3 están muy desconectados de sus *yo* internos y creen que necesitan afirmaciones y feedback positivos de los demás. Pueden encontrar su valor a través de su desempeño con el fin de evitar esos sentimientos de vergüenza que ya se han mencionado. También tratan de proyectar una imagen de éxito en su comunidad y buscan la admiración de los demás para impulsar su imagen.

Los tipo 4 suelen buscar las razones por las que son únicos cuando se comparan con otras personas. Inician y mantienen sus estados de ánimo y usan las emociones como forma de defenderse ante el rechazo. Esto lo hacen a través de la dramatización de su sufrimiento y sus pérdidas, haciendo que eviten sentimientos más profundos y consigan la atención y la lástima de los demás.

Así, los tipo 2 exteriorizan la vergüenza y crean la imagen de ser grandes individuos, los tipo 3 sienten los conflictos porque tienen mucha vergüenza y lo tapan con una falsa imagen de éxito. Los tipo 4 consiguen interiorizar su vergüenza y crear una imagen que ilustre su identidad.

Cómo Funcionan los Centros del Eneagrama

Se puede decir mucho sobre la forma en que una personalidad se desarrolla y su relación con el eneagrama. Cada tipo puede estar focalizado en un centro, pero todos ellos están influenciados por los centros motor, mental y emocional de distintas formas. El eneagrama describe las cualidades de los centros que son comunes a todos, una estructura compartida, y también sus manifestaciones particulares en cada tipo de personalidad.

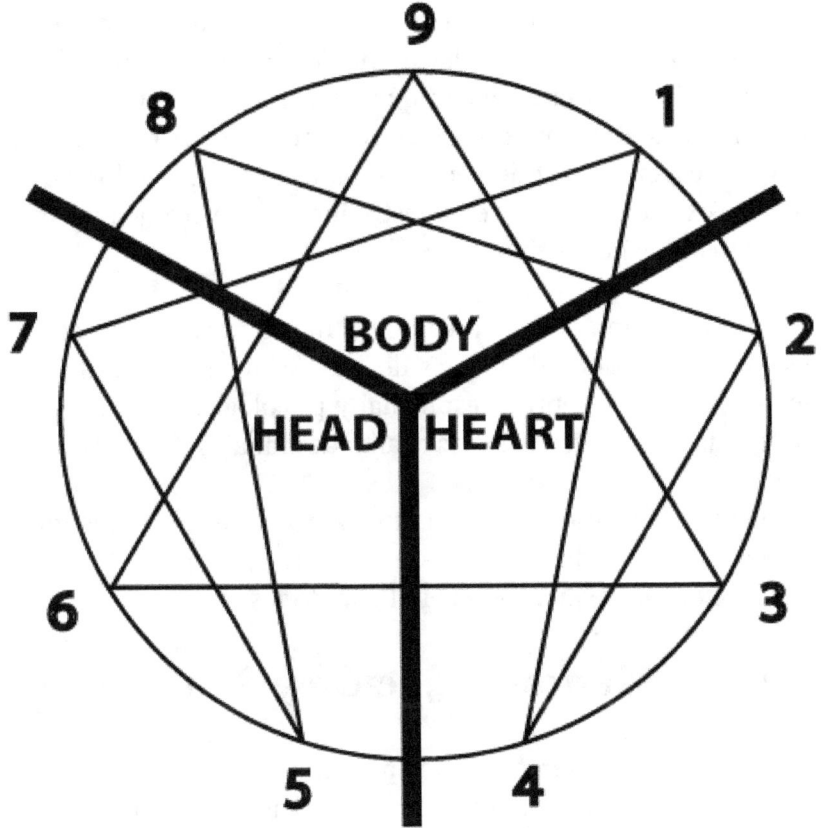

Fuente: http://enneagramphilosophy.tumblr.com/post/51066726963/enneagram-triads-1-primary-centres

Existe una dualidad dentro de todos nosotros: nuestra verdadera voz esencial y la personalidad. De esos dos *yo*, la personalidad suele manifestarse a través de los pensamientos, emociones e instintos habituales. Esos pensamientos, emociones e instintos se conocen como fijación, pasión y subtipos instintivos y son la base de nuestros patrones de actuación diarios. Los centros emocional y mental van de la mano como 'santo opuesto', un aspecto de nuestra alma del que perdemos el rastro durante el desarrollo de nuestra personalidad. Se les conoce como la santa virtud y la santa idea, respectivamente. Aunque se llamen opuestos, la santa virtud y la santa idea son más como 'santas semillas', considerando que están en todos nosotros al nacer y dan nombre a las cualidades divinas del alma. La gente simplemente se olvida de ellas a medida que aprenden a lidiar con la vida y las circunstancias que estructuran su personalidad. La personalidad esconde y protege el verdadero *yo*, pero al igual que un espejo invertido, busca esos aspectos perdidos en el mundo exterior en vez de en nuestro interior y eso es lo que hace distintos a los nueve tipos.

En resumen, una de las bases de los nueve tipos es que tienen esa misma cantidad de formas de manifestarse. Y cada uno de los nueve parece sentirse espiritual y psicológicamente atraído hacia encontrar y recrear esas cualidades innatas de su tipo.

El centro corporal no tiene un santo opuesto o distintas cualidades asociadas a los nueve tipos de personalidad porque proporciona la misma fuerza vital para todos.

Centro Mental: Fijación y Santa Idea

La fijación hace referencia a los pensamientos habituales de la personalidad o a aquello en lo que se centran. Puede describirse como la parte clave del engranaje mental. Cuando el centro mental se encuentra libre de cualquier fijación, aparece la santa idea para mostrar un estado de consciencia sobre el que no se piensa: se siente.

Centro Emocional: Pasión y Santa Virtud

La emoción subyacente del centro emocional se conoce como pasión. Los primeros cristianos conocían este aspecto como las nueve interrupciones a la vida de oración de Evagrio Póntico. Hoy, corresponden a los siete pecados capitales, añadiendo el miedo y el engaño. Un aspecto esencial de la personalidad que es experimentada en el corazón se conoce como santa virtud.

Centro Motor: Subtipos

La palabra subtipos involucra tres instintos básicos de supervivencia conectados al centro motor de todos los tipos del eneagrama. De la supervivencia, una cuestión de vida o muerte, se encargan las reacciones reflejas inconscientes y el instinto. Las nueve fijaciones y pasiones definen los atributos de la personalidad que pueden reconocerse como 'lo que una persona hace'. Los subtipos definen tres formas distintas de que cada tipo se manifieste, comportamientos que el subconsciente percibe como cuestiones de vida o muerte porque son 'lo que somos'.

Esos instintos se relacionan con la supervivencia en tres ámbitos fundamentales:

1. Autoprotección, done la energía se centra en nuestro bienestar físico, psicológico y material.
2. Consideración social, ya que el ser humano es un animal social y su supervivencia también depende de su aceptación en un grupo de iguales.
3. Necesidades sexuales, que se relacionan con el instinto de sobrevivir a través de la reproducción y con la

necesidad de validación por parte de una persona cercana.

Todo el mundo tiende a centrarse en uno de ellos, dependiendo de las experiencias vitales que hayan afectado a su *yo* esencial mientras crecían. Eso incluye familia, comida, amor incondicional, amistad o comodidad. En este momento hay cierto debate sobre si el foco de atención de cada subtipo es innato, adquirido como resultado del entorno o una combinación de ambos, tal como la dualidad de cada individuo mencionada. En cualquier caso, el resultado es que, mientras que los tres centros son importantes para una vida feliz y funcional, uno de ellos es, al mismo tiempo, nuestra principal fuente de dolor y felicidad, requiriendo gran cantidad de energía y atención.

Cómo Funciona el Eneagrama

El eneagrama es una herramienta muy sutil, construida en torno a una idea muy simple: la personalidad es desarrollada para proteger nuestro verdadero *yo* interior y está permanentemente vinculada a él. Hay una sencilla consideración que nos permite usar ese conocimiento y no se limita solamente al eneagrama. Es la dualidad de cada persona. Una parte es el alma o la esencia, una consciencia propia que no se parece en nada a la personalidad, pero la complementa; es la persona en sí misma. La otra parte es la personalidad que se manifiesta mediante pensamientos, sentimientos y sensaciones cambiantes.

No existe una diferencia real y definida entre las dos partes de nuestra naturaleza, son partes entremezcladas de la persona que somos como un todo. A lo largo de nuestras vidas, necesitamos la personalidad para mediar entre nuestro verdadero *yo* y el mundo, pero también necesitamos ser conscientes de ella. La personalidad no es más que una serie de herramientas que pueden ayudarnos o no a lo largo de la vida. Algunos de sus aspectos pueden habernos ayudado en algún momento, pero acabar siendo inútiles a largo plazo, por lo que necesitamos identificarlos y dejarlos ir.

Con el fin de cambiar y trascender, lo primero que uno tiene que saber es cuál es el problema. Si quieres embarcarte en un viaje, el primer paso debería ser tener un mapa y aprender a leerlo para poder saber dónde estás en ese mapa y hacia dónde te diriges. Este es el aspecto más valioso del eneagrama: es un mapa de tu situación particular. No tiene mucho sentido cargar con un paraguas a través de un desierto, por lo que tampoco tendría mucho sentido trabajar en problemas de control de la ira si tu estado mental habitual no es la ira, sino el miedo. Todo el mundo tiene diferentes problemas que tienen que ser abordados.

En lo que a nuestra esencia se refiere, nuestro verdadero *yo*, las artes místicas describen los atributos del alma como existencia, consciencia y dicha (sat, chit y ananda). Cuando nos centramos en el aquí y el ahora, vemos que los tres centros están conectados y la esencia de los nueve tipos son variaciones de estos tres dones.

El centro mental es el centro de visualización, el tercer ojo del budismo. Puede identificar lo que es real y en qué se puede confiar. El origen cristiano de la humanidad es digno de confianza y ese es el significado de la fe; saber sin necesidad de pruebas. Eso nos permite percibir cómo funciona realmente el mundo y nos da los conocimientos necesarios para actuar en sintonía con sus necesidades.

El corazón es el centro espiritual presente en muchas prácticas religiosas. La liturgia, la devoción y la adoración son formas de acceder al corazón espiritual. También asociamos el corazón con el amor, pero en el eneagrama este concepto reside en el centro motor. Es de donde viene la gente, quienes son y a donde pueden volver. El corazón quiere trascender y crear cosas nuevas.

El centro motor ha sido dejado de lado como órgano de percepción espiritual en la cultura occidental. Es cercano al concepto de *hara* en Japón y es el centro de todas las prácticas que tienen su raíz en el zen budista. Toda persona es una parte necesaria de la creación y el amor lo sabe. Sus dones se relacionan con la naturaleza de la realidad, el aquí y el ahora.

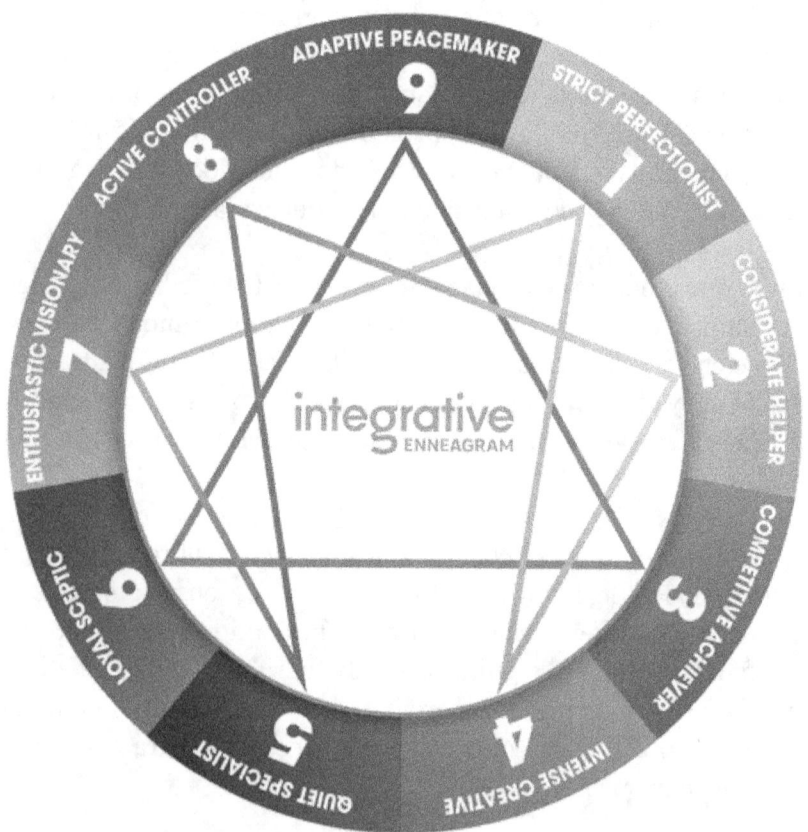

Fuente: https://www.integrative9.com/enneagram/

Según Gurdjieff, la parte más complicada es identificar nuestros principales rasgos y el eneagrama nos ayuda con eso. Nuestro *yo* interior diferencia entre esencia, el centro del crecimiento espiritual, y personalidad. Mediante la propia observación, podemos familiarizarnos con las reacciones automáticas que proceden de nuestra personalidad y usarlas para recordarnos todas las cualidades esenciales que tenemos. De esa manera, se hace posible afrontar la vida desde una perspectiva objetiva y en sintonía con nuestro verdadero *yo*. Ese *yo* interior puede ayudarnos a encontrar patrones y sacar nuestros potenciales desconocidos e inexplorados. Conocer nuestra situación particular hace que nuestros esfuerzos sean mucho más eficaces y acertados. No es una cuestión de anular o someter la personalidad, sino de conocerla y saber en qué dirección nos lleva. Independientemente del enfoque de nuestro crecimiento personal (psicológico, espiritual o ambos), no es un crecimiento real si no somos capaces de aumentar nuestra humanidad y generosidad o nuestras acciones y pensamientos no son creativos y nacidos del amor.

El eneagrama es más que los nueve tipos representados en las intersecciones de un triángulo y un hexágono. Es un marco psicológico y dinámico que nos permite entender la forma en que funcionan la integración y el desarrollo. No es una solución temporal a nuestra situación personal; en su lugar, nos permite desarrollarnos con el paso del tiempo porque nos sigue hablando a través de nuestras circunstancias cambiantes. Los instintos, las alas, las líneas y los niveles de integración son representativos de nuestro camino en la vida.

Las alas son los dos tipos adyacentes a cada tipo en el eneagrama. Esos vecinos pueden influir en tu tipo base, pero no pueden cambiarlo. Si tu tipo base es una ensalada, entonces las alas serían el aliño, por así decirlo. Es decir, no son otro plato distinto, solo algo que le añade sabor. Todo el mundo puede acceder a sus dos alas y cada una de ellas tiene distintos recursos y atributos que nos son útiles. A veces, una de esas alas puede ser más dominante. A algunos individuos no les gusta añadir demasiado aliño a su ensalada, metafóricamente hablando, mientras que otros añaden mucho o, incluso, hasta dos aliños distintos. Eso significa que son tipos verdaderos, fuertes o dobles equilibrados, respectivamente. Las alas están ahí para ayudar a la gente a entender cada tipo por sí mismo, pero también la relación entre ellos. Considerando los tipos del eneagrama como un continuo, nuestra ala puede ser útil para entender las sutilezas de nuestro tipo base. Conocer nuestras dos alas expande nuestra perspectiva e incrementa nuestro rango de emociones y comportamientos. También pueden proporcionarnos otra forma de entender una situación en la que estamos atascados y el potencial de ver esa situación desde otra perspectiva, como una oportunidad para crecer.

Hay una pregunta muy frecuente entre quienes se inician en el eneagrama y es si cada persona tiene un solo tipo base o si se pueden tener combinaciones de dos o más. La respuesta correcta es tanto sí como no, obviamente. Sí, porque somos una mezcla de los nueve tipos y no, porque siempre hay un punto dominante, nuestro tipo base.

Líneas del Diagrama

El eneagrama implica una serie de líneas que muestran movimiento. Estas líneas son una representación de las interacciones entre tipos de personalidad y el tipo de energía que tienen. Nuestro tipo base no cambia, pero podemos movernos o ser movidos a lo largo de estas líneas que nos conectan con el tipo de personalidad que se encuentra en el otro extremo.

La capacidad de movernos a lo largo de estas líneas nos da diferentes perspectivas y nos ayuda a salir de nuestra zona de confort psicológico, permitiéndonos interactuar con nuestro entorno de diferentes maneras. Esas líneas nos ofrecen nuevos recursos y deberíamos aprender a navegar a través de ellas como parte de quienes somos.

En el pasado, las grandes mentes y los investigadores han intentado entender el mundo utilizando números y gráficos como el eneagrama. A pesar de que no hay rastro de ese uso del eneagrama en el discurso actual sobre la personalidad, hay un par de componentes numéricos que pueden ayudar en la caracterización de los individuos.

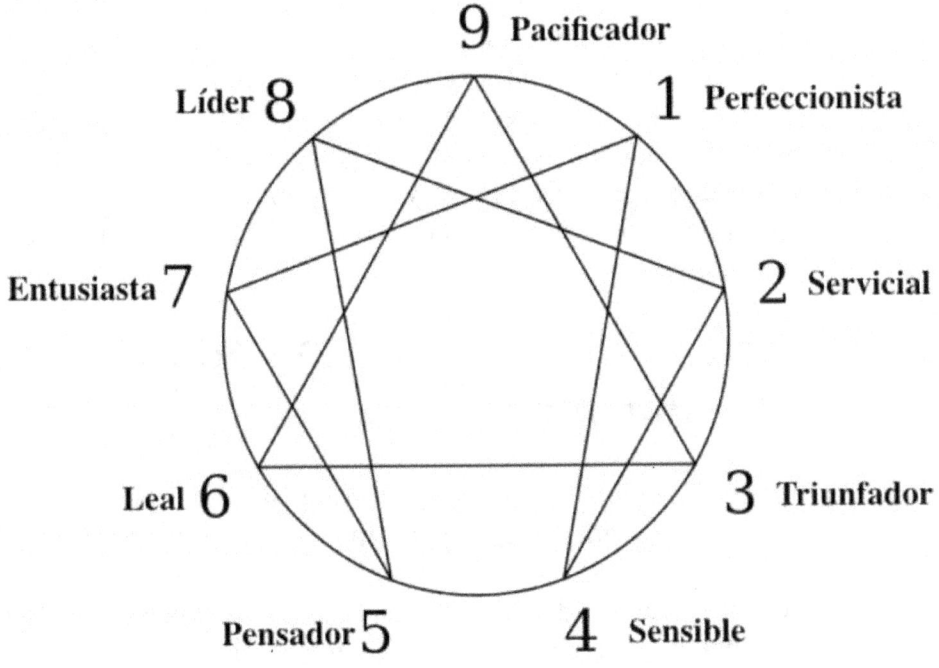

Fuente: https://viviendolasalud.com/psicologia/eneagrama

Cuando miramos en el gráfico de nueve puntos, parece obvio que hay dos series de líneas que se cruzan. Una de ellas es el triángulo que conecta los puntos 3, 6 y 9. Este triángulo interior personifica la ley de tres que está presente en la cultura tanto general como religiosa. En la religión cristiana, la Trinidad de Dios, el Hijo y el Espíritu Santo representa esa ley de tres. La otra serie de líneas conecta los puntos 1, 4, 2, 8, 5 y 7. Esto puede asociarse con la ley de siete, que se relaciona con las siete notas de la escala musical. Mientras que la ley de tres abarca las características de vitalidad o los tres tipos de poder en marcha, la ley de siete se relaciona con el movimiento de esa vitalidad y los pasos hacia cada tarea o acción.

Cada punto o tipo de personalidad está conectado con otros dos tipos a través de estas líneas; conexiones muy significativas. Una de esas conexiones representa el crecimiento positivo del tipo inicial, un comportamiento saludable, mientras que la otra representa su comportamiento bajo circunstancias adversas. Es por eso que esas líneas se llaman *dirección de integración* o crecimiento y *dirección de desintegración* o estrés, respectivamente. Todo el mundo reacciona de formas distintas en diferentes situaciones y, conociendo el tipo base de personalidad, el eneagrama puede ayudarnos a entender esas reacciones.

Alas y Puntos Dinámicos de Movimiento

Para entender completamente cada tipo de personalidad, necesitamos tener en cuenta los tipos base y los dos tipos con los que se conectan a lo largo de las líneas de integración y desintegración, además de su ala dominante. Estos cuatro tipos dibujan la imagen completa de tu personalidad y tus influencias.

La dirección de desintegración en ambas series de líneas forma un circuito cerrado y sigue las secuencias 1-4-2-8-5-7-1 y 9-6-3-9. Podemos entenderlo como que un tipo 1 en condiciones de estrés se comporta como un tipo 4, ese tipo 4 se comporta como un tipo 2 y así seguiríamos hasta un tipo 7 que se comporta como un tipo 1. La dirección de integración funciona de la misma manera, pero recorriendo las líneas en el sentido opuesto. Así, quedaría 1-7-5-8-2-4-1 y 9-3-6-9. Como hay movimiento en estas líneas del eneagrama, no son estáticas, a los nueve puntos se les llama puntos dinámicos.

Hay otra forma de movernos por el eneagrama que no implica lineas que se cruzan. Es un movimiento alrededor de la circunferencia que conecta tipos de personalidad adyacentes, es decir, cada tipo base con sus dos alas. Para determinar cual es tu ala dominante, todo lo que tienes que hacer es descubrir tu tipo de personalidad haciendo un test de personalidad (de lo que hablaremos en el capítulo 3), determinar qué dos puntos pueden ser tus alas y ver cuál de los dos tiene una puntuación más alta. Por ejemplo, si tu tipo base es el tipo 3, entonces tus alas pueden ser los tipos 2 y 4, por lo que debes verificar cuál de esos dos tiene mayor puntuación en el test.

Punto 1: Alas

Cuando el ala 9 es predominante, los tipo 1 son menos intensos y más relajados y confiados, dispuestos a aceptar cómo se desarrollan las cosas a su alrededor sin la necesidad de corregirlas. También están más abiertos a considerar otros puntos de vista. Por otra parte, pueden olvidarse de sus propias necesidades y retrasar tareas difíciles.

Cuando el ala 2 es predominante, los tipo 1 se vuelven más compasivos y se olvidan de lo que hay que hacer para centrarse en ellos mismos. Por fin aceptan que no necesitan salvar el mundo y abrazan el servicio público. En el lado opuesto, se vuelven más sensibles y necesitan sentirse apreciados.

Puntos Dinámicos

Cuando los tipo 1 se integran hacia tipo 7, se vuelven más espontáneos y alegres. Dejan de ver el mundo como una obligación y empiezan a divertirse. Se centran en lo que quieren en vez de en lo que deberían hacer y abren sus mentes a un nuevo mundo de posibilidades. Pueden ser más impulsivos y capaces de expresar sus sentimientos, incluso aquellos que sacan un lado no tan bueno de ellos.

Cuando se desintegran hacia tipo 4, se sienten infravalorados y forzados a hacer todo el trabajo porque ellos lo hacen mejor. Pueden deprimirse y acabar autocomplaciéndose con algo que normalmente iría contra su buen juicio, sintiéndose culpables después y entrando en una espiral a partir de ahí.

Punto 2: Alas

Cuando predomina el ala 1, los tipo 2 se vuelven más desinteresados, ayudando a quien sea que lo necesite. Establecen límites claros, siguen las normas y canalizan sus emociones para hacer las cosas mejor. Por ese desinterés pueden llegar a desatenderse a ellos mismos y volverse algo rencorosos.

Si el ala predominante es la 3, los tipo 2 mejoran su autoestima y se vuelven más eficaces en el trabajo, siendo capaces de delegar y adaptarse a su equipo. Estar tan en sintonía con el trabajo puede hacer que se vuelvan adictos a él y, así, dejar de lado sus necesidades. Buscan tener influencia, por lo que pueden parecer orgullosos.

Puntos Dinámicos

Los tipo 2 que se integran en tipo 4 empiezan a darse cuenta de lo mucho que han estado ignorando sus propias necesidades, a veces volviéndose autocomplacientes para compensarlo y, además, empiezan a aceptarse a sí mismos. Se vuelven más honestos y sensibles, siendo capaces de apoyar de verdad y conectar con otras personas. Sus sentimientos destructivos dejan paso a otros más constructivos.

Cuando se desintegran en tipo 8, si sienten que sus sacrificios no son apreciados o que otros los dan por sentados, dejan de ser amigables, se enfadan y se centran en ellos mismos. Se vuelven el centro de atención debido a su nuevo comportamiento agresivo y confrontacional.

Punto 3: Alas

El ala 2 trae equilibrio a los tipo3, ayudándolos a centrarse en sus relaciones interpersonales y a ver su propio valor como personas en vez de simples medios para un fin. A través de eso también pueden conectar con sus propios sentimientos, permitiéndoles tener relaciones más significativas. Aceptar esa nueva naturaleza puede hacerlos trabajar demasiado duro para complacer a los demás, en algún momento incluso desatendiendo sus propios objetivos y frustrándose si sus esfuerzos no son apreciados.

El ala 4 ayuda a los tipo 3 a olvidarse del mundo y hacer lo que deben hacer. En su lugar, aprenden a centrarse en su propio crecimiento y a escuchar su propia voz, pero como no están acostumbrados, pueden reaccionar de forma exagerada o confundir sentimientos. Las relaciones establecidas bajo estos términos son bidireccionales, en lugar de una persona aprovechándose de la otra. Disfrutan de las relaciones breves que les aportan emoción.

Puntos Dinámicos

A medida que los tipo 3 se integran en tipo 6, se relajan y dejan de lado su competitividad para adoptar el gusto por el trabajo en equipo de los tipo 6. No suelen pedir ayuda porque no terminan de confiar en los demás, por lo que llevan una vida un poco estresante. Cuando aprenden a apoyarse en otras personas, también aprenden a trabajar con ellos más que competir en su contra, volviéndose mejores y más desinteresados líderes. Los tipo 3 también suelen ser muy discretos sobre sus sentimientos y confiar en otros les permitirá abrirse y expresarlos.

La desintegración hacia tipo 9 implica que los tipo 3 se vuelvan más pasivos para ser capaces de lidiar con el estrés, es decir, hacer las cosas de forma automática sin prestar demasiada atención simplemente para terminarlas. Si la situación estresante no mejora, pueden deprimirse y aislarse de los demás, incluso llegando a rechazar su ayuda porque no les gusta admitir que tienen un problema.

Punto 4: Alas

El ala 3 ayuda a los tipo 4 a lograr el equilibrio entre sus mundos interior y exterior, haciendo que les resulte más fácil expresar sus sentimientos e ideas. Eso les permite atraer e involucrar a otras personas, expandiendo su red social. Como lado negativo, pueden exagerar sus sentimientos, acercándose más a una actuación que a algo real. El estrés puede hacer que caigan en una depresión.

Si el ala 5 es predominante, los tipo 4 son capaces de alcanzar el equilibrio entre intuición y hechos, siendo capaces de analizar las cosas más objetivamente. Esto los ayuda a tener más control sobre sus emociones e impulsos. Pueden ir demasiado lejos y verlo todo a través de la lógica, lo que hace que tengan problemas de socialización y escondan sus emociones. Pueden aislarse y deprimirse.

Puntos Dinámicos

Cuando los tipo 4 se integran en tipo 1 saludables, entran más en contacto con la realidad, siendo conscientes de su espiral emocional habitual. Poco a poco se vuelven más estables y menos egocéntricos, dispuestos a gastar tiempo y energía en trabajar con y para los demás. Cuando dejan de ser autocomplacientes y se centran en vivir con sus propios recursos, encuentran muchas más cualidades de las que pensaban que tenían.

Los tipo 4 que se desintegran en tipo 2 pueden aislarse si se sienten heridos, pero también pueden darse cuenta de que ser tan emocionalmente inestables puede alejar a sus seres queridos. El estrés puede hacer que cometan errores al tratar de ganárselos de nuevo. Por ejemplo, manipularlos y tratar de convencerlos de que lo necesitan, llegando a ser demasiado posesivo con ellos.

Punto 5: Alas

Si el ala 4 es la predominante, los tipo 5 son capaces de acceder a sus emociones y alcanzar el equilibrio entre ellas y sus pensamientos, sus lados emocional y racional. Ese acceso a sus sentimientos también puede hacerlos sentir solos, haciéndolos sumergirse más profundamente en ellos mismos.

Con la influencia del ala 6, los tipo 5 aprenden a analizar los hechos y elaborar y defender sus propias opiniones informadas. Son capaces de desarrollar relaciones más profundas, pero aun así no pueden dejar ir su ira. No les gusta involucrarse demasiado porque tienen miedo de incomodar a los demás o que no confíen en ellos.

Puntos Dinámicos

A medida que los tipo 5 se integran en tipo 8, dejan de aislarse y conectan más con ellos mismos y el mundo que los rodea. Empiezan a ser más seguros y a estar dispuestos a correr riesgos y asumir responsabilidades, sintiéndose capaces de lidiar con todo. Normalmente introvertidos, los tipo 5 pueden ahora decir lo que piensan y ser confrontacionales sobre lo que crean que es injusto.

La desintegración en tipo 7 los ayuda a darse cuenta de que no pueden estar aislados para siempre y que necesitan interacción social, estresándose aún más. Eso puede hacer que se pongan nerviosos y ansiosos, con problemas de concentración y sueño. Dejan de concentrarse en una tarea para saltar adelante y atrás entre diferentes pensamientos y actividades, como una persona hiperactiva. Canalizan su ansiedad a través de comportamientos impulsivos.

Punto 6: Alas

Si el ala 5 es predominante, los tipo 6 aprenden a escuchar su voz interior en vez de a todos los demás. Se vuelven lo suficientemente seguros como para enfrentar sus miedos y usar su experiencia para tomar mejores decisiones. Si su voz interior no tiene nada bueno que decir, pueden ver esos miedos amplificados y pueden buscar seguridad mediante espiritualidad o fe.

El ala 7 ayuda a los tipo 6 a ser más positivos y confiados, permitiéndoles abordar sus miedos con una sonrisa en la cara. Pueden ser grandes innovadores y pioneros porque son capaces de tener en cuenta diferentes puntos de vista. Aunque enfrentan sus miedos, huyen de las confrontaciones y pueden esconderse en sus propios pensamientos para evitarlas.

Puntos Dinámicos

Los tipo 6 se integran en tipo 9. Eso los ayuda a volverse más seguros y abiertos, relajándose y bajando la guardia. Dejan ir la ansiedad que les generan los cambios que trae la vida y los aceptan sin cuestionar nada, pudiendo descansar la mente. Todo esto les da serenidad y estabilidad.

La desintegración en tipo 3 puede hacer que pasen de nerviosos y dubitativos a activos y trabajadores. Eso no significa necesariamente que vayan a terminar con lo que los estresa, sino que van a ocupar su tiempo con lo que sea que tengan a mano. No les gusta que los demás sepan lo mala que puede ser su situación. Dejan de lado sus sentimientos para trabajar con más eficacia, pero eso puede pasar factura a sus relaciones.

Punto 7: Alas

El ala 6 influye en el compromiso de los tipo 7. Se vuelven más serios e introvertidos como forma de equilibrar su optimismo. Necesitan renunciar a su libertad para estar presentes, pero sienten que sus responsabilidades son una carga.

Si el ala 8 es predominante, los tipo 7 pueden entrar en contacto con su fuerza interior y pasar de palabras a hechos. Esa fuerza también les hace más valientes y abiertos en sus relaciones. El lado negativo es que pueden parecer un poco agresivos en sus formas y pueden aprovecharse de quienes se lo permitan.

Puntos Dinámicos

Los tipo 7 se relajan y se vuelven más tolerantes a medida que se integran en tipo 5. Se concentran y se ponen en contacto con su creatividad, siendo capaces de abordar lo que sea de una forma más productiva. Además, dejan de imponerse tareas indeseadas y van a por lo que realmente quieren. No se aburren porque adoptan una nueva y fascinante forma de ver el mundo.

Se desintegran en tipo 1. Son muy impulsivos y saltan de una cosa a la siguiente, dejándoles una sensación de frustración porque no terminan lo que empiezan, por lo que nunca logran nada. Comportarse como los tipo 1 significa que toman el control de sus vidas para terminar las cosas, simplemente para acabar frustrados y atrapados en sus propias vidas. Esto puede matar cualquier creatividad y hacer que sean más amargados y críticos.

Punto 8: Alas

Si el ala 7 es predominante, los tipo 8 se benefician de su perspectiva, frenando su toma de decisiones lo suficiente como para que tengan en cuenta todos los aspectos. También los ayuda a crear asociaciones en vez de hacerlo todo por su cuenta. Esta influencia puede dar lugar a problemas de adicciones.

El ala 9 influye a los tipo 8 ayudándolos a encontrar el equilibrio entre impulsividad y pasividad, individualismo y colectivismo. Esto resulta en que los tipo 8 permiten que las cosas fluyan en vez de forzar un resultado. Pueden acabar descuidando su voz interior para después sentirse culpables por ello.

Puntos Dinámicos

La integración en tipo 2 ayuda a los tipo 8 a darse cuenta de lo emocionalmente aislados que están y aprender a expresar sus sentimientos. Dejan de protegerse tanto y dejan que la gente sepa lo mucho que se preocupan por ellos, pero siguen siendo tipo 8, así que su amor se expresa de formas realmente útiles y sin mucha emoción. Siguen encontrando difícil permitir que la gente sepa que dependen de ellos.

Los tipo 8 se desintegran en tipo 5. Abordan los problemas al momento, sin importar lo abrumadores que puedan ser. Cuando se estresan demasiado, su estrategia es todo lo contrario: se retraen y aíslan para poner las cosas en perspectiva.

Punto 9: Alas

Si el ala 8 es predominante, los tipo 9 entran en contacto con su fuerza interior. A diferencia de los tipo 8, los tipo 9 no les gusta destacar entre la multitud, por lo que su influencia puede ayudarlos a pensar como individuos y centrarse en su seguridad en sí mismos. La determinación de los tipo 8 ahoga el miedo de los tipo 9 a hablar por sí mismos, pero puede resultar en una explosión de emociones.

Los tipo 9 pueden ser demasiado relajados y fáciles de llevar. La influencia del ala 1 les da perspectiva y motivación y prepara a los tipo 9 para que estén listos para trabajar en lo que haga falta arreglar. Esa predisposición a la acción puede silenciar sus necesidades, haciendo lo que haga falta en vez de lo que realmente quieren.

Puntos Dinámicos

A través de la integración, los tipo 9 se vuelven como los tipo 3. Dejan de subestimarse y empiezan a darse algo de crédito. Empiezan a entender que el mundo no sería lo mismo sin ellos porque tienen mucho que ofrecer. También aprenden a valorar y desarrollar sus propios talentos.

Los, por lo general, emocionalmente despegados tipo 9 se desintegran en tipo 6, que se preocupan por todo. Dejan de ser capaces de controlar sus emociones para volverse enfadados y defensivos. También pueden tener problemas con la autoridad, sintiéndose demasiado controlados, llegando incluso a sentirse abrumados por aquellos que tratan de ayudarlos.

Capítulo 2: Tipos de Personalidad

Fuente: https://www.actitudfem.com/entorno/genero/mujeres/cual-es-tu-tipo-de-personalidad

La gente varía físicamente, esto quiere decir que puedes distinguir a una persona de otra a través de diferentes características como su piel, pelo, estatura, peso o forma, entre otras. Hemos incluso ido más allá y hemos agrupado a los que comparten esos rasgos y les hemo dado un nombre como rubios, negros, blancos o altos.

De la misma forma que clasificamos a las personas por sus atributos físicos los podemos clasificar atendiendo a sus personalidades individuales y particulares. Hay una razón por la que el mundo es como es, por qué conseguimos algunos logros, por qué sobresalimos en diferentes áreas, por qué manejamos las situaciones como lo hacemos, por qué algunas relaciones duran y otras no, por qué lidiamos con el dolor de diferente manera y por qué algunas personas son más sociables que otras. La personalidad determina muchas cosas en una persona porque moldea nuestra actitud frente a los diferentes estímulos de nuestro entorno. Esto acaba alterando nuestro enfoque y nuestras reacciones frente a tales circunstancias.

La personalidad es la persona que somos, más que algo que poseemos, y afecta a la forma en que nos relacionamos unos con otros. Por ejemplo, un grupo de personas conoce a otra persona cubierta de tatuajes y rastas. Una persona puede asumir que ese tipo de personas son individuos inmorales sin ningún respeto por la religión y, por lo tanto, peligrosos. Otra persona puede pensar que es algo impresionante, atractivo y que él o ella tiene una personalidad artística y creativa. Estas reacciones son tan diferentes debido a las distintas personalidades. Esto puede aplicarse también a nuestras relaciones, no es demasiado raro ver personas muy distintas que acaban teniendo maravillosas relaciones y ahí es donde solemos decir eso de que "los opuestos se atraen". Sin embargo, imagina el caso en el que nadie sea diferente o especial. Lo que tú defiendes es lo mismo que defiende otra persona, la otra y la otra. Naturalmente, sería muy aburrido escuchar las mismas canciones, que nos gustara hacer las mismas cosas, estudiar las mismas carreras, tener las mismas opiniones y demás. Al principio puede sonar interesante y divertido, pero si lo pones en contexto y en perspectiva, te das cuenta de que con el tiempo se vuelve abrumador y aburrido. No tendría sentido mantener conversaciones porque no se intercambiarían diferentes ideologías, solo las mismas cosas dichas de forma redundante. Eso acabaría con muchísimas relaciones, ya que no habría emoción ni se podrían explorar diferentes perspectivas sobre las personas y la vida. En ese estado sin propósito ni realización, solo reciprocidad por todas partes, el significado como tal se perdería.

Otro ámbito que se vería afectado por eso son nuestras carreras, ya que nos movería el mismo estímulo que nos empuja a querer alcanzar los mismos objetivos, algo que no es necesariamente malo, pero que puede llevar a que nos estanquemos porque hay muchas áreas en la vida que deben ser abordadas y explotadas. Todos tenemos un propósito en la vida y eso es lo que hace que unos seamos políticos, otros chefs, banqueros o emprendedores.

Nos empujan diferentes cosas y nos mueven distintos estímulos que nos dirigen hacia nuestro destino, donde también nos vemos empujados en distintas direcciones para conseguir o alcanzar distintos niveles en los caminos que elijamos. Ese es el motivo por el que algunas personas acaban siendo gerentes, otras se estancan y otras empiezan sus propios negocios, todos elegimos diferentes caminos en la vida. Nuestras personalidades moldean nuestras forma de pensar, actitudes, percepciones, creencias y comportamientos. Nos hacen quienes somos. Hace de la vida lo que es.

Hay varios tipos de personalidades y se pueden agrupar atendiendo a sus rasgos más prominentes o lo que sea que llame más la atención de ellos. Vamos a ver cada uno de los nueve tipos y cómo afectan a las personas en sus relaciones, éxito, propósito y enfoque general de aquello a lo que se enfrentan en la vida.

Cabe mencionar que cada tipo tiene diferentes nombres dependiendo de la fuente de información o el autor consultado. Por ejemplo, el tipo 1 puede ser el perfeccionista o el reformador, el tipo 2 puede ser el generoso o el servicial, etc.

Tipo 1: Perfeccionista

Los perfeccionistas, tal como su nombre sugiere, siempre dan el 100%. En cualquier aspecto de la vida, hacen las cosas lo mejor que sus habilidades les permiten, se toman la vida muy en serio y lo que sea que haga, lo hacen a la perfección o no lo hacen. Con los tipo 1 no hay término medio. Son honestos, se puede confiar en ellos y usan el sentido común. Esto significa, básicamente, que harán grandes esfuerzos por enderezar las condiciones que les rodean. Lo que sea que les parezca que está mal, van más allá de lo debido para arreglarlo hasta el más mínimo detalle.

El reto viene cuando su punto de vista es inalcanzable o cuando lo que tratan de cambiar no puede ser cambiado. Esto los atraviesa de lado a lado porque son idealistas y creen que todo debería hacerse bien y con una precisión perfecta. Esto supone un gran reto que afecta a sus percepciones y actitudes hacia diferentes aspectos de sus vidas.

Por ejemplo, en sus relaciones pueden tratar de hacer que sus parejas vean las cosas como las ven ellos para tener un punto de vista común sobre todo. Esto, en la mayoría de los casos, los haría vulnerables de volverse orgullosos y pueden parecer maleducados o arrogantes, incluso empobreciendo sus relaciones e interacciones. La capacidad de recibir información de todos los puntos de vista es lo que hace que la comunicación y las relaciones sean lo que realmente son y le pone la guinda al pastel. Ser individuos decididos con firmes creencias sobre lo que saben puede ser muy frustrante a veces y puede desviar el interés o conducir a discusiones sin sentido, sobre todo si están equivocados.

Su propósito en la vida en general también puede sufrir los efectos de su personalidad. Con esto quiero decir que, como no aceptan nada menos que perfección y les cuesta tener en cuenta las opiniones de los demás, pueden acabar perdiendo tiempo, dinero y energía intentando demostrar hechos que realmente no existen. Esto les hace perseguir causas perdidas y, como tampoco comparten demasiado sus sentimientos, pueden acabar sufriendo emocional y psicológicamente, guardándose todo el sufrimiento para ellos mismos y negándose a compartirlo con nadie.

Aun así, no todo es malo porque su naturaleza perfeccionista les es de gran ayuda la mayor parte del tiempo y tienden a ser honestos y responsables, esto quiere decir que a menudo lo intentan, hacen las cosas bien y suben el listón de quienes les rodean. Se hacen completamente responsables de sus acciones, haciéndolos personas fiables a las que se puede pedir consejo porque ven la vida tal como es; correcto o incorrecto, bien o mal, blanco o negro. Su claridad es esencial en la vida y les ofrece una clara perspectiva de su camino, permitiéndoles valorar qué funciona y qué no. Esta es una herramienta muy importante porque la vida se trata de improvisar y trabajar en tus imperfecciones a la vez que dejas ir lo que no te sirve para alcanzar el objetivo de ser quien quieres o pretendes ser.

Tipo 2: Servicial

El segundo tipo de personalidad es el servicial, que los podemos llamar el equipo amoldable porque les gusta buscar la aprobación de todos aquellos con los que interactúan. Para ellos, la aprobación es primordial, incluso si significa que tienes que hacer sacrificios personales en distintos aspectos de sus vidas. Son de personalidad precavida y tienen cuidado con todo lo que dicen y pueden ser buenos individuos a los que nutrir y guiar porque intentan ver las cosas desde tu perspectiva, acomodándose y acogiendo tus pensamientos y, por lo tanto, dándote buenos consejos y opiniones. Esto, sin embargo, viene con un precio porque no tener nada propio que defender puede hacerles perder su identidad individual aunque eso beneficie a la otra parte. Los serviciales son muy cuidadosos y se aseguran de que todo el mundo esté bien, especialmente sus amigos y familiares. A veces pueden verse atrapados en situaciones donde piensen que todos los demás están siendo egoístas, sin embargo, puede que necesiten darse cuenta de que realmente son ellos los que necesitan ser un poco más egoístas.

Esto afecta a diferentes aspectos de sus vidas, por ejemplo, trabajo, amistades y relaciones. Son personas muy cariñosas y complacientes y el hecho de que se tomen el tiempo de conocerte y entender las cosas en la forma en que tú las ves quiere decir que son muy buenas personas con las que relacionarse, trabajar y tener como amigos. Como ya hemos mencionado, esto puede tener un lado negativo y es que pueden depender demasiado de la aprobación de los demás. La falta de aprobación puede hacer que tengan depresiones nerviosas y pierdan su autoestima, perdiendo confianza en lo que puedan dar u ofrecer.

La independencia de pensamiento y tener algo por lo que luchar da impulso y propósito a un individuo. La falta de independencia significaría que pueden ser crédulos y fácilmente maleables, limitando su actitud y percepción de las personas. Algunos opinan que la naturaleza adaptable y acogedora de los serviciales es lo que hace que gusten tanto y, por tanto, que se les presenten más oportunidades y, así, son capaces de subir por la escalera corporativa más rápido que otros. Tienen una gran habilidad para abrazar las ideas y los pensamientos de los demás, haciendo que los vean como la persona idónea a la que acudir. Los serviciales solucionan lo que sea que les pongan delante. Gracias a su capacidad de socializar son capaces de construir redes de contactos más rápido que cualquier otra persona, haciendo que destaquen en multitud de tareas, en especial las que implican trabajo en equipo.

Puede que dependan de otras personas como fuente de felicidad y éxito y eso puede llevarlos a ser explotados a cambio de aprobación y a que se aprovechen de ellos. Puede que sean ingenuos y piensen que están ganándose la confianza y la aprobación de los demás, pero puede que realmente se estén aprovechando de ellos para el beneficio de otros. Esto involucra mucha hipocresía y, por culpa de sus cambios de personalidad para encajar en la situación, puede que siempre tengan problemas con ser aceptados por quienes realmente son. A los serviciales les encanta, perdón por la redundancia, servir y, en general, tener un temperamento sereno y accesible que a los demás les guste tener cerca. Solamente necesitan tener cuidado de no ser demasiado buenos.

Tipo 3: Triunfador

El tercer tipo de personalidad es el triunfador. Están orientados a cumplir objetivos y muy motivados, lo que les permite alcanzar un gran éxito. Su único objetivo es lograr lo que se propongan, dirigidos por el deseo de ser los que más destaquen. La mayor parte del tiempo anteponen el éxito a sus sentimientos, opiniones e incluso su vida. Para ellos, la mejor imagen de sí mismos es la venganza que puedan servir si son dados de lado. Están también tan obsesionados con su imagen que no tienen tiempo para otra cosa, lo que limita el alcance de sus relaciones, no pudiendo establecer conexiones con la gente.

Son grandes triunfadores, principalmente porque dedican la mayor parte de su tiempo y de su vida a perfeccionar sus habilidades. Como están tan centrados en lograr sus objetivos y perseguir sus sueños y pasiones, pueden desarrollar problemas psicológicos y de salud, como fatiga o depresión provocada por la falta de logros. Puede deberse a que pasan un tiempo mínimo preocupándose por su salud y su bienestar y mucho más preocupándose por lo que necesitan conseguir en relación a sus carreras. Triunfadores y perfeccionistas comparten algunos rasgos, por ejemplo, su obsesión por alcanzar objetivos y hacerlo todo correctamente. Esto quiere decir que para los triunfadores, menos del 100% no es un resultado aceptable y es eso lo que los convierte en exitosos sea lo que sea que hagan. También pueden motivarse a sí mismos a superar obstáculos e impulsar a otros a perseguir sus sueños y aspiraciones porque saben lo que conlleva. Son muy buenos líderes, por lo que son excepcionales en carreras como el deporte, la actuación o la rama del emprendimiento.

Los triunfadores deberían dejar que la vida tenga lugar, fluir con ella y experimentar todo lo que tiene que ofrecer. Aceptar todos sus altibajos y disfrutar de todas las experiencias en las que se sumerjan, así podrán sacar sus propias conclusiones sobre todo lo que acometan.

Tipo 4: Sensible

Los de tipo sensible son todo creatividad y usan el arte como forma de canalizar sus puntos de vista, opiniones y sentimientos. Cada persona tiene diferentes formas de canalizar lo que lleva dentro. Otros tipos de personalidad, como los perfeccionistas, prefieren guardarlo para sí mismos y centrarse en otras cosas para dejar de pensar en su situación. Los triunfadores lo canalizan a través de su trabajo y el alto nivel de éxito que consiguen.

Por otra parte, los sensibles tienen su propia forma de canalizar sus sentimientos, pensamientos y actitudes. Lo hacen a través del arte, la música, la danza o la poesía. Son sentimentales y complejos a la hora de expresar sus pensamientos. Son apasionados al moverse entre expresar lo que sientes los demás y lo que sienten ellos mismos. Son individuos emotivos que comprenden las emociones mejor que cualquier otro tipo de personalidad, lo que les permite tocar a través del arte a otros individuos que no pueden entender completamente sus propias emociones.

Por su naturaleza emotiva, necesitan tiempo para entender y aceptar lo que les toca enfrentar antes de permitir al resto del mundo entrar en sus pensamientos. Son muy frágiles y deben ser manejados con cuidado porque cargan con muchas emociones.

Las personas de tipo sensible pueden tener estados de ánimo dinámicos, pueden estar muy emocionados en un momento y aburridos al siguiente dependiendo de lo que tengan entre manos. Van por la vida con el corazón abierto, listos para vivir nuevas experiencias y extienden esa actitud a cualquier labor o carrera que deseen emprender.

Lo mejor para las personas sensibles es alcanzar el equilibrio entre todas las emociones y la comprensión de que surgen por un motivo. Eso puede ayudarlos a tener un mayor rango de reacciones, habilidades para resolver problemas y para desarrollar mejores interacciones.

Tipo 5: Pensador

Los pensadores suponen el quinto tipo de personalidad. Son los introvertidos de la sociedad. Se interesan por lo que sucede a su alrededor y no aceptan las cosas tal y como son. Les gusta cuestionar todo lo que saben y analizar sus alrededores para sacar significados y conclusiones de todo. A los pensadores les gusta estar solos mientras están formulando sus ideologías. Para ellos, la familia puede ser importante, pero sus propios intereses tienen mucha más importancia. No suelen disfrutar charlando debido a su entorno sociológicamente introvertido; esto se debe a que no les gusta compartir información personal y tienden a guardarse muchas cosas. Les gusta encontrar soluciones y sacar conclusiones de lo que experimentan y de los análisis que hacen a lo largo de la vida.

No les gusta hablar de banalidades, por lo que están más cómodos hablando sobre temas en los que sobresalgan o en los que sean expertos. Esto es porque tienen miedo de que lo que no saben pueda hacerlos sentir inferiores o ignorantes. Dicho esto, tampoco les gusta compartir toda la información que tienen sobre un tema de interés en el que estén particularmente avanzados porque sienten que están regalando demasiada información 'valiosa'.

Los pensadores deberían derribar los muros que han construido y compartir más, aceptando a más gente en sus vidas. Eso les ayudaría a evitar la soledad y, además, a ampliar sus conocimientos sobre otras cosas en las que pudieran estar interesados. Son muy inteligentes y se les considera personas muy valiosas.

Tipo 6: Leal

Hay dos cosas fundamentales que caracterizan a este tipo: su habilidad para juzgar caracteres o situaciones y su habilidad para encontrar soluciones a los problemas antes incluso de que aparezcan. Este tipo de personalidad siempre está buscando personas que se dañen a sí mismas o situaciones que también les hagan daño. Su razón es que creen que la gente tiene diferentes actitudes e intenciones y es responsabilidad suya entenderlas para dar con una solución a lo que haga falta. No confían con facilidad, pero cuando lo hacen, confían ciegamente, convirtiéndolos en grandes amigos íntimos porque siempre van a estar ahí cuando los necesiten.

Las personas leales son rápidas a la hora de buscar soluciones y siempre van un paso por delante de la situación, lo que les permite tener el control de sus vidas y les facilita la toma de decisiones. Son estratégicos en su forma de buscar soluciones porque, si no pueden parar un problema, buscan formas empíricas de ponerle remedio. Son valientes y desinteresados a la hora de garantizar la seguridad de aquellos por los que se preocupan.

Son muy atentos con las personas y situaciones porque son, como hemos mencionado, estrategas. Cada detalle es relevante para tener el control o establecer medidas preventivas para lo que sea que enfrenten. Levantan muros muy altos que los demás deben superar para proteger su bienestar emocional de las personas equivocadas. Son valientes y hacen preguntas serias, a veces incluso llegando a tener una actitud agresiva e insistente.

Deberían ser capaces de abrazar más opiniones y emociones en su vida y ser un poco más complacientes con los demás. Esto les permitiría crecer como individuos, desarrollando un sentido de propósito holístico más allá de simplemente sus carreras. En general, los tipo 6 son, obviamente, muy leales, por lo que son grandes amigos y maravillosas personas con las que trabajar. Son muy inteligentes y les encanta proteger a quienes forman parte de sus vidas y merecen ser protegidos.

Tipo 7: Entusiasta

El séptimo tipo de personalidad es el entusiasta, el grupo dinámico. Son los que más valoran la libertad. Están en la vida por las experiencias y se ven impulsados por la exploración. Los tipo 7 quieren visitar diferentes lugares, aprender cosas nuevas, explorar distintos continentes y vivir el presente. Nunca se estancan.

Este tipo de personas es, por tanto, siempre en marcha logrando objetivos, dándose cuenta de cosas nuevas y explorando. Toda esa exposición los convierte en buenos amigos con los que hablar porque disponen de un amplio abanico de temas y conocimiento sobre un gran número de culturas. Es por esto que deberían ser apreciados. Suelen ser personas muy simpáticas.

Aun así, es un grupo poco comprometido e indeciso con lo que quiere, saltan de una cosa a otra y eso es lo que les da un propósito y cierto sentido de logro, permitiéndoles dar significado a sus vidas. Solo les importa lo que les funciona y las opiniones de la gente no les molestan. Tienden a centrarse en lo que les gusta hacer y lo hacen cuando y como lo consideren oportuno. Suelen tener una actitud que evita desafíos y se centran en las cosas que van bien. Los entusiastas deberían tratar de aceptar que los demás tienen sus propias opiniones y sentimientos, igual que los tienen ellos. Aceptar eso es una obligación y entenderlo completamente puede serles útil para desarrollar mejores cualidades y convertirse en mejores personas en todos los aspectos.

Les gusta pensar que todo sucede por una razón y esa es una mentalidad muy poderosa.

Tipo 8: Líder

Los líderes suelen dar un paso al frente y hablar en nombre de los demás. Tienen fuertes posturas y creencias, lo que hace que sean muy asertivos. No se echan atrás frente a un reto y pueden ser muy agresivos, algo que puede ser tanto bueno como malo. Airean las opiniones y pensamientos que todos los demás tienen, pero no son capaces de expresar. Creen que no defender tus derechos y opiniones puede dar lugar a explotación y para ellos supone una debilidad.

Los líderes son entusiastas y siempre están listos sin importar la situación. Están a la espera de nuevas circunstancias que puedan ser adversas a lo que ellos defienden para enfrentarlas ferozmente, asegurándose de que sus opiniones son escuchadas y respetadas por todos. Los tipo 8 son personas poderosas, lo que les permite completar cualquier tarea que aborden. También exponen los hechos tal y como son, sin miedo a contradecirse.

Estos individuos, como todas las demás personalidades, tienen sus rasgos negativos, uno de ellos es que son un poco excesivos. Con eso queremos decir que, a veces, cruzan ciertas líneas tratando de defender sus derechos. Está bien luchar por tus derechos y disfrutar de tu libertad de expresión, pero todas las cosas deben hacerse atendiendo a las dos caras de la moneda.

Donde empiezan los derechos de una persona es donde terminan los de otra. Estas personas pueden cruzar ese puente de cuando en cuando, consciente o inconscientemente.

Los líderes pueden ser un poco dominantes si sus ideales y opiniones no reciben apoyo. Deberían tratar de entender la cooperación y la comprensión mutua como una forma de resolver más problemas y hacer sus vidas más fáciles.

Tipo 9: Pacificador

El último tipo de personalidad es el pacificador. Aquí es donde tenemos lo mejor de los dos mundos, defensores y desafiantes dependiendo de la situación. El principal objetivo de los pacificadores es, como su nombre indica, traer paz entre dos partes en conflicto. Esto significa que están abiertos a todas las opiniones y sugerencias, ya que buscan encontrar equilibrio en lo que sea que se les presente.

Se caracterizan de forma positiva por el equilibrio. Lo primero es que son capaces de encontrar el equilibrio perfecto entre dos versiones de una historia y sacar conclusiones sensatas y funcionales que sean aceptadas por las dos partes. En segundo lugar, son tolerantes, lo que significa que toman en consideración los puntos de vista de los demás y tratan de ver dónde tienen su origen y por qué piensan como lo hacen. Por último, son armoniosos, con lo que su principal objetivo es sacar conclusiones razonables y aceptables de problemas y sucesos de la forma más tranquila posible.

Con rasgos positivos también vienen rasgos negativos y los tipo 9 también tienen su lado menos bueno, igual que todos los demás y a pesar de su naturaleza tranquila y cercana. Son tercos debido a su deseo de obtener información con fines resolutivos, persisten en una cuestión hasta que la situación esté completamente arreglada. Evitan los conflictos, intentan evitarlos por completo, incluso aunque a veces sean la única forma de encontrar una solución, por miedo a que la situación se les vaya de las manos.

Los pacificadores ofrecen soluciones y están abiertos a ideas y opiniones, cosa que los hace destacar dentro de un grupo. Deberían entender que, a veces, es fundamental saber manejar los conflictos para poder sacar conclusiones y dar con la solución de la mayoría de los problemas de la sociedad.

Todas estas diferentes personalidades son la esencia de la vida. La personalidad de un individuo, como hemos visto, afecta a casi todo lo que hay en su vida, desde la forma en que entienden las cosas o se relacionan con otras personas hasta la forma en que resuelven distintas situaciones. La ignorancia puede hacernos pensar que alguien es maleducado o tranquilo. Entender que la gente maneja las cosas de diferente forma y tomarnos un tiempo para apreciarlo y comprenderlo da perspectiva a la vida y nos permite conectar con el potencial humano. Es importante aceptar nuestro entorno, ya que es donde podemos ser quienes somos y expresarnos como nos sintamos cómodos haciéndolo. Cada personalidad tiene sus fortalezas y debilidades, entender eso te permitirá ir más allá en tus actos y construir mejores relaciones.

Capítulo 3: Test de Personalidad

El indicador de tipo de personalidad Riso-Hudson (RHETI por sus siglas en inglés) puede ayudarte a encontrar tu tipo de personalidad si aún no estás seguro de con cuál te identificas más tras las explicaciones del capítulo anterior. Este test fue diseñado por Don Richard Riso y Russ Hudson en 1993 como un instrumento para medir la personalidad.

Se ha visto que tiene valor heurístico, pero hay muy pocas investigaciones con base científica sobre este tema. Los primeros pasos hacia la validación del RHETI las dio Warling tras recoger información sobre 153 estudiantes que completaron ese y otro test de personalidad, viendo una fuerte correlación entre los resultados. Dameyer realizó más investigaciones sobre el RHETI, mostrando una gran fiabilidad al hacer el test dos veces a 135 personas y viendo que un 82% obtuvo la segunda vez el mismo resultado que la primera.

Mientras que un gran número de cuestionarios sobre el eneagrama han sido desarrollados y la mayoría muestra una fiabilidad razonable, su validez es difícil de creer. Usar un cuestionario de personalidad como medida del tipo del eneagrama de cada uno puede tener su truco. Parte de lo que lo hace útil en lo que a su aplicación se refiere es que describe los procesos conscientes y las motivaciones a las que no se tiene mucho acceso.

La forma más fiable de medir la personalidad es realizar una autoevaluación mediante cuestionarios.

Medidas Fiables

Debes tener en cuenta que no hay respuestas correctas y ningún tipo de personalidad es mejor que los demás. Trata de responder las preguntas de la forma más sincera posible. No deberías analizar las preguntas o pensar en las excepciones a la regla. Tienes que ser espontáneo y elegir la afirmación más cercana a cómo has sido la mayor parte de tu vida. Si te resulta complicado descubrir tu tipo de personalidad porque dos o más puntuaciones están muy cerca, puede que encuentres útil discutir tus respuestas con quienes te conocen muy bien, como un amigo, un progenitor o tu pareja.

Hay 35 pares de preguntas en el test. En cada caso, debes elegir la respuesta que mejor se aplique a tus circunstancias. Puedes saltarte preguntas que no se apliquen a tu situación, pero no deberías saltarte preguntas solamente por su dificultad. Este test suele dirar entre 5 y 10 minutos. Las respuestas están etiquetadas con las letras A, B, C, D, E, F, G, H e I.

<u>Importante</u>: La siguiente tabla es un ejemplo de cómo funciona el test del eneagrama. se supone que debes elegir una opción por pregunta, de la A a la I, en función de la intensidad con la que estés de acuerdo. Funciona como una escala de Likert, donde 'A' es estar nada de acuerdo e 'I' es estar completamente de acuerdo. Por ejemplo, en la primera pregunta, si eres extremadamente imaginativo y divertido, tu elección sería la 'I'. Como yo estoy algo menos de acuerdo, mi respuesta es la 'B'. Cada pregunta ha sido respondida con un '1' en función de las preferencias del individuo. Los resultados aparecen como la suma de las respuestas al final de la tabla.

Los resultados al final de la tabla muestran el tipo de personalidad del eneagrama del individuo.

							Tipo	9	6	3	1	
							En desacuerdo	A	B	C	D	

#	Afirmación								
1	He sido imaginativo y romántico							1	
	He sido realista y pragmático								1
2	Tengo tendencia a evitar las confrontaciones								
	Tengo tendencia a las confrontaciones								
3	Suelo ser directo, idealista y formal								1
	Suelo ser diplomático, ambicioso y encantador								1
4	He intentado ser intenso y centrado							1	
	Me gustan la diversión y la espontaneidad								1
5	Soy una persona reservada y no he probado a mezclarme mucho con otras personas								
	He sido hospitalario y he disfrutado dejando entrar amigos en mi vida								
6	Generalmente, ha sido difícil conseguir un aumento								
	Generalmente, ha sido fácil conseguir un aumento								
7	He sido un idealista magnánimo								
	He sido más pícaro o idealista								
8	He necesitado dar afecto a otras personas								
	He preferido mantener la distancia con otros individuos								

#	Statement	1	2	3	4	5	6	7	8	9	10	11	12	13
9	Ante la oportunidad de una nueva experiencia, me pregunto si la disfrutaré										1			
	Ante la oportunidad de una nueva experiencia, me pregunto si será útil para mí											1		
10	Tiendo a centrarme demasiado en mis necesidades											1		
	Soy del tipo de persona que se centra más en los demás								1					
11	Parezco inseguro sobre muchas cosas y poco seguro de mí mismo													1
	Doy la sensación de ser muy seguro de mí mismo													1
12	Otras personas han dependido de la decisión y fuerza que desprendo													
	Otras personas han dependido del conocimiento y la perspectiva que tengo													
13	Suelo estar más orientado a los objetivos que a las relaciones													
	Suelo estar más orientado a las relaciones que a los objetivos													
14	No soy muy capaz de hablar por mí mismo													
	Soy muy abierto por lo que he dicho cosas que otros habrían deseado atreverse a decir													
15	Me es difícil ser más flexible y tomarme las cosas con calma													1

	Me es difícil parar con las alternativas y hacer algo definitivo								
16	Tengo tendencia a la procrastinación y la duda						1		
	Tengo tendencia a ser dominante y valiente								1
17	Mi necesidad de que los demás dependan de mí me ha buscado problemas con ellos								
	Mis dudas a la hora de involucrarme me ha buscado problemas con los demás								
18	Tengo la capacidad de dejar los sentimientos de lado y hacer lo que haga falta								
	Tengo que abrirme paso a través de mis emociones para hacer lo que hace falta								
19	Soy aventurero y he corrido riesgos								
	Soy meticuloso y cauto								
20	Soy serio y reservado, con tendencia a discutir las cosas								
	Soy generoso y solidario, me gusta la compañía de la gente								
21	He sentido la necesidad de actuar de la forma correcta								
	He tenido la necesidad de ser un pilar de apoyo								
22	Estoy interesado en mantener la estabilidad y la paz								

#	Statement	C1	C2	C3	C4	C5	C6	C7	C8	C9
	Estoy interesado en hacer preguntas difíciles mientras mantengo cierta independencia									
23	Soy bondadoso y sentimental							1		
	Soy escéptico y práctico en los procesos de pensamiento						1			
24	Me preocupa que otros se aprovechen si bajo la guardia								1	
	Me preocupa estarme perdiendo conexiones con otros									1
25	Mi hábito de decir a los demás lo que tienen que hacer molesta a mis seres queridos								1	
	Mi costumbre de estar aislado disuade a los demás									1
26	Cuando un problema saca lo peor de mí, me consiento para aliviar el estrés									
	Cuando he tenido problemas, he podido trabajar en ellos y hacerlos desaparecer									1
27	No he dependido de otros, he hecho las cosas por mí mismo							1		
	He dependido de amigos y ellos pueden depender de mí								1	
28	He estado absorto en mí mismo y malhumorado									
	He sido despreocupado y desconectado									1
29	Me gusta consolar y calmar a los demás cuando están estresados								1	

	#							
		Me gusta despertar y desafiar a otras personas						
	30	Soy serio, ahorrador y disciplinado						1
		Soy despreocupado y sociable					1	
	31	Me gusta que la gente sepa mis fortalezas y lo que sé hacer bien						
		Soy tímido acerca de mis fortalezas y habilidades					1	
	32	Tener comodidad y seguridad es más importante que otros intereses y preferencias					1	
		Perseguir mis intereses es más significativo que tener comodidad y seguridad						1
	33	En caso de conflicto con otra persona, rara vez me echo atrás						
		En caso de conflicto, me echo atrás o me retiro						
	34	Soy conocido por mi sentido del humor y mi inquebrantable actitud optimista						1
		Soy conocido por mi tranquilidad y mi generosidad excepcional como individuo						1
	35	Mucho de mi éxito se debe al talento de causar una buena impresión					1	
		He logrado el éxito a pesar de mi falta de interés por el desarrollo de habilidades interpersonales					1	
						Total	2	9	11

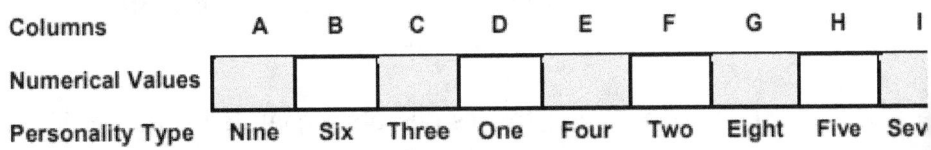

En la tabla podemos ver que las puntuaciones más altas son 11, 16 y 12 para las opciones C, D y E. Ahora bien, a continuación podemos ver que cada letra representa un tipo de personalidad.

Columns	A	B	C	D	E	F	G	H	I
Numerical Values									
Personality Type	Nine	Six	Three	One	Four	Two	Eight	Five	Sev

Esto significa que, como D es la respuesta más frecuente en los resultados, el tipo de personalidad dominante en esta persona es el tipo 1: perfeccionista.

El siguiente diagrama muestra los resultados de otra persona en el mismo test:

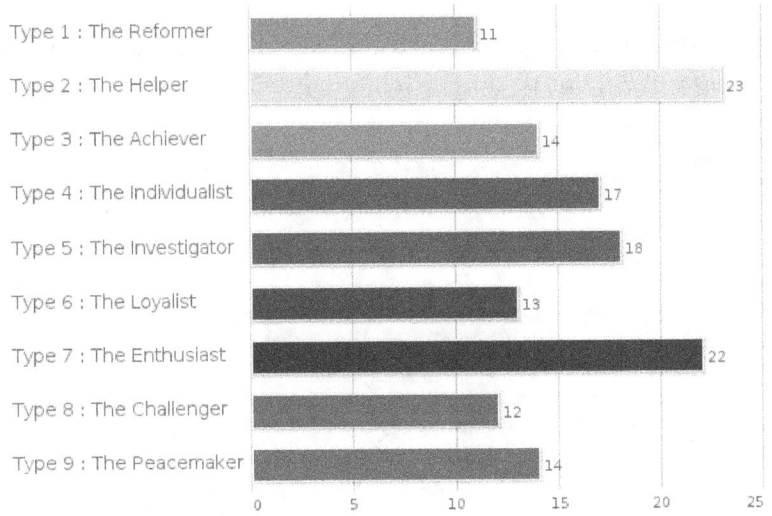

Fuente: www.ejleblanc.com/enneagram-and-me-looking-at-the-enneagram-and-what-type-of-leader-are-you/

Teniendo en cuenta los resultados del test, el ala de esta persona podría ser tanto la 2 como la nueve. Viendo los resultados, la segunda ala obtuvo 9 puntos y la novena solamente 2. Eso significa que se ve influenciado por la segunda ala. Si nos fijamos ahora en el diagrama de barras, su personalidad base es el tipo 2, siendo una posible influencia las alas primera y tercera. Según los resultados, la primera ala obtuvo 11 puntos frente a los 14 de la tercera, que es la 'ganadora'.

El objetivo de este test es descubrir cuál de los nueve tipos de personalidad corresponde al de uno. Si das respuestas sinceras a todas las preguntas relacionadas con los distintos aspectos de tu personalidad, entonces tu tipo de personalidad debería estar entre los tres de mayor puntuación. Si se hace de la forma correcta, el RHETI va a determinar de forma precisa tu tipo de personalidad. Si los resultados no son concluyentes, debes revisar no solo tus respuestas, sino la parte aritmética también. Recuerda que el cuestionario tiene 35 pares de preguntas, es decir, el total de respuestas debería ser 70.

Recuerda, hay un test en blanco al final del libro para que puedas hacerlo y averiguar tu tipo de personalidad.

Capítulo 4: Subtipos (27)

Una vez que hayas averiguado tu tipo de personalidad o si ya lo sabías, es el momento de ver los subtipos que hay dentro de cada tipo. Estos suponen rasgos extra dentro de cada personalidad que puedes explorar y aprovecharte de ellos para tu propio beneficio y para entender mejor a las personas que te rodean.

Son tres impulsos instintivos básicos necesarios para todas las experiencias humanas y residen en cada uno de nosotros como fuerzas primarias. Pueden distinguirse de la personalidad y suelen operar desde el subconsciente, aunque son determinantes en nuestra forma de ser como individuos. De los tres instintos, siempre hay uno más dominante en cada tipo de personalidad. Cuando ese instinto se fusiona con el tipo principal del eneagrama, aparece una nueva personalidad que parece fluir en una dirección opuesta: eso es lo que llamamos un contratipo.

Por ejemplo, si el eneagrama fuera una caja de bombones, el instinto determinaría cuál te comerías primero y cuál sería el último. Esa unión de emoción e instinto se relaciona con nuestra visión de lo que es bueno para nosotros o lo que necesitamos para conseguir lo que queremos. Esos instintos se relacionan con las inteligencias fundamentales que hemos desarrollado como personas y como especie para asegurar nuestra supervivencia a lo largo del tiempo. Avances neurocientíficos recientes muestran cómo esos instintos primarios siguen presentes en el mundo actual.

Cada uno de los tipos de personalidad del eneagrama lleva asociados tres subtipos instintivos que mencionaremos a continuación. Son:

- **Conservación:** Este instinto se centra en mantenernos vivos, bien y cómodos tanto física como materialmente.

- **Sexual:** Este instinto gira en torno a la idea de vivir a través de generaciones, ya sea a través de nuestra descendencia, compartiendo nuestras ideas o cualquier otro tipo de interacción persona-persona.
- **Social:** Este instinto implica nuestra necesidad de aceptación social y vivir en una comunidad donde todo el grupo trabaje por un bien común.

La siguiente parte del texto repasa los tres elementos instintivos de cada tipo y lo que suponen.

Tipo 1

Conservación: Controlador

La verdadera personificación del perfeccionista es alguien que tiende a preocuparse mucho por todo y quiere asegurarse de que todo está bajo control. La palabra clave detrás del subtipo del instinto de conservación del perfeccionista es *preocupación*. El elemento de preocupación de los tipo 1 los convierte en sus mayores críticos, lo cual se suma a sus dudas y estricto sentido de la responsabilidad, por lo que pueden ser excesivamente duros con ellos mismos. Les gusta controlar hasta el más mínimo detalle y pueden volverse ansiosos alguna vez. Pueden sentirse bastante frustrados cuando experimentan cualquier tipo de interrupción en sus actividades, pero evitan expresar su enfado.

Sexual: Destacado

La palabra clave detrás del subtipo del instinto sexual del perfeccionista es que *destacan*. Este es el contratipo del tipo 1 y el motivo es su efecto en otras personas. Tienen una forma idealista de ver el mundo y están decididos a reformar la sociedad para que encaje con sus expectativas y puntos de vista. También pueden sentirse con derecho a cambiar los puntos de vista de los demás sobre algo o alguien para que encajen con los suyos. Pueden enfadarse o frustrarse si esos esfuerzos son ignorados o si oponen resistencia.

Social: No Adaptable

La palabra clave detrás del subtipo del instinto social del perfeccionista es *no adaptable*. Los perfeccionistas con su integridad son los que dan ejemplo de lo que está bien o mal, lo que es correcto o incorrecto. Sin embargo, esto tiene un lado negativo, ya que suelen ser intransigentes hasta con el más mínimo detalle. Mucha disciplina y altos estándares son lo que los diferencia de quienes los rodean. Son fuertes defensores de la justicia y de hacer las cosas correctamente. Pueden ser pensadores sistemáticos y son muy buenos modelos de conducta.

Tipo 2

Conservación: Privilegio

La palabra clave detrás del subtipo del instinto de conservación del servicial es *privilegio*. Este es el contratipo del tipo 2. Pueden despertar instintos protectores en los demás por su personalidad infantil y encantadora. Les gusta que los cuiden, pero no depender completamente de otra persona. Son un poco reacios a comprometerse y cargar con responsabilidades; el rechazo les hace mucho daño.

Sexual: Seducción

La palabra clave detrás del subtipo del instinto sexual del servicial es *seducción*. Centran sus habilidades de seducción y su energía en desarrollar relaciones íntimas, donde se sienten seguros y pueden pedir lo que realmente quieren. Aunque son amables, pueden ser muy decididos y salvajes, dificultándoles el aceptar límites o respuestas negativas.

Social: Ambición

La palabra clave detrás del subtipo del instinto social del servicial es *ambición*. Los serviciales usan sus fortalezas de forma inteligente, sobresaliendo y convirtiéndose en líderes para ganarse la confianza de su comunidad o sistemas aún mayores. Prefieren construir ese liderazgo en torno a sus conocimientos. Dar más de lo que reciben es su forma de compensar sus malos sentimientos. Ambiciosos e influyentes.

Tipo 3

Conservación: Seguridad

La palabra clave detrás del subtipo del instinto de conservación del triunfador es *seguridad*. Este es el contratipo del tipo 3. No les gusta ser vistos como demasiado vanos o abiertos sobre sus fortalezas y logros. También evitan que les vean necesitados de atención, pero es importante para ellos que su trabajo duro obtenga el reconocimiento que merece. Fiables y eficientes, buscan seguridad a través del trabajo, pudiendo acabar siendo adictos al trabajo.

Sexual: Carisma

La palabra clave detrás del subtipo del instinto sexual del triunfador es *carisma*. Entusiastas y competitivos, se centran en ver a los demás tener éxito porque creen que eso es lo que los hace exitosos a ellos también. Quieren toda la atención y el amor de su círculo más cercano, incluso llegando a contenerse para resultarles más atractivos.

Social: Prestigio

La palabra clave detrás del subtipo del instinto social del triunfador es *prestigio*, ya que buscan tener influencia y poseen las habilidades necesarias para adaptarse a los requisitos sociales de su entorno. Son muy competitivos y disfrutan siendo el centro de atención; venden sus ideas con seguridad. Prefieren tapar sus errores antes que quedar mal, el éxito y la buena imagen son muy importantes.

Tipo 4

Conservación: Tenacidad

La palabra clave detrás del subtipo del instinto de conservación del sensible es *tenacidad*. Este es el contratipo del tipo 4. Han aprendido a vivir con sus emociones negativas sin quejarse y les gusta recibir cumplidos sobre su dureza. Muy sensibles, evitan tener que compartir sus sentimientos desconectándose de ellos. Tienen mucha empatía y apoyan en todo lo que pueden a quienes estén sufriendo.

Sexual: Competición

La palabra clave detrás del subtipo del instinto sexual del sensible es *competición*. Intensos y desvergonzados, no dudan en hacerse escuchar con respecto a lo que quieren o necesitan. Individualistas y competitivos, quieren ser los mejores en todo lo que hacen. Pueden frustrarse o enfadarse si no consiguen ser apreciados como necesitan, pero puede que esos sentimientos no sean otra cosa que tristeza o confusión disfrazados.

Social: Vergüenza

La palabra clave detrás del subtipo del instinto social del sensible es *vergüenza*. Muy sensibles, sus emociones predominantes son el sufrimiento, la envidia y la vergüenza. Se comparan con los demás y eso es lo que desencadena esos sentimientos. Su único consuelo viene de expresar su sufrimiento a otras personas en busca de su comprensión. A menudo eso hace que se ganen su admiración y apoyo.

Tipo 5

Conservación: Castillo

El motivo por el que la palabra clave detrás del subtipo del instinto de conservación del pensador es *castillo* es que se toman la protección de su espacio personal muy en serio. Establecen límites claros y no tienen problemas con tener solamente algunos amigos. Prefieren su propia compañía antes que tener vida social. Pueden ser verdaderos introvertidos y no les gusta compartir mucho sobre sí mismos porque les hace sentir vulnerables.

Sexual: Confidente

La palabra clave detrás del subtipo del instinto sexual del pensador es *confidente*. Este es el contratipo del tipo 5. Dejan de lado su naturaleza analítica por medio de este contratipo apasionado. Sin embargo, siguen siendo reservados, permitiendo solamente entrar en sus vidas a una o dos personas con las que tengan química. Eso les permite ser abiertos y sentirse vivos, pero pueden tener tendencia a poner a prueba esas relaciones o tratar de acaparar a esa persona.

Social: Tótem

La palabra clave detrás del subtipo del instinto social del pensador es *tótem*. Se fijan en la imagen completa mientras buscan sabiduría y tratan de encontrar el significado de todo. Encajan fácilmente con la gente que tiene ideas e inteligencia similares a las suyas, desenganchándose de las emociones mundanas. Aunque comparten sus ideas y principios, no sucede lo mismo con su tiempo o su espacio, a menudo aislándose de quienes les rodean.

Tipo 6

Conservación: Calidez

La palabra clave detrás del subtipo del instinto de conservación del leal es *calidez*. Son ansiosos y tienen un fuerte sentido de autoconservación que los hace temerosos e inseguros. Con el fin de sentirse seguros, desarrollan alianzas y relaciones; no lo hacen por interés e interactúan con los demás de forma cálida y amable. No les gusta cometer errores, es por eso que no comparten sus opiniones; también evitan enfadarse.

Sexual: Intimidación

La palabra clave detrás del subtipo del instinto sexual del leal es *intimidación*. Este es el contratipo del tipo 6. Creen que una buena ofensa es la mejor defensa y eso puede hacerlos parecer intimidantes. También hace que no huyan de sus miedos, sino hacia ellos. Necesitan sentir que son fuertes, resultándoles difícil expresar sus pensamientos o vulnerabilidades.

Social: Deber

La palabra clave detrás del subtipo del instinto social del leal es *deber*. Tienen un lado muy sociable y defienden a quienes no pueden hacerlo. Suelen ver las cosas en blanco o negro y les gusta seguir las normas. Muy racionales y con un fuerte sentido del deber, se aseguran de que todo el mundo sepa lo que se espera de ellos y de que sigan las normas.

Tipo 7

Conservación: Red

La palabra clave detrás del subtipo del instinto de conservación del entusiasta es *red*. Su motivación es conseguir lo mejor para el interés común y, para ello, construyen grandes redes de apoyo. Puede volverse autocomplaciente porque disfrutan de las cosas buenas y se les da muy bien conseguir lo que quieren para divertirse. También racionalizan y defienden sus deseos.

Sexual: Fascinación

La palabra clave detrás del subtipo del instinto sexual del entusiasta es *fascinación*. Piensan que la vida es color de rosa y ven posibilidades en todas partes. Son románticos y soñadores, pero los demás pueden ver su optimismo como falta de realismo. También son un poco inocentes porque piensan que todo el mundo es bueno, convirtiéndose en un blanco fácil del que aprovecharse. No les gustan las cosas aburridas, por lo que suelen disfrazar su realidad.

Social: Sacrificio

La palabra clave detrás del subtipo del instinto social del entusiasta es *sacrificio*. Este es el contratipo del tipo 7. Generosos y decididos a hacer del mundo un lugar mejor, pueden ser confundidos con los tipo 2. Si las necesidades del grupo o las de una persona cercana entran en conflicto con las suyas, no dudan en sacrificarse a sí mismos. Puede que no vean el egoísmo con buenos ojos, sin importar si es el de otra persona o el suyo propio. Los sacrificios que hacen nacen de la buena voluntad, pero aun así les gusta sentir que los demás los valoran y los aprecian por ello.

Tipo 8

Conservación: Satisfacción

La palabra clave detrás del subtipo del instinto de conservación del líder es *satisfacción*. Fuertes, poderosos y decididos, parecen seguros sin importar lo desafiante que pueda ser una situación. Son verdaderos supervivientes y les gusta proteger a quienes les rodean, convirtiéndose en una figura paterna. Pueden frustrarse e, incluso, ser intolerantes si no se cuidan sus necesidades y por eso suelen coger el camino directo hacia lo que quieren sin sentirse mal por ello.

Sexual: Posesión

La palabra clave detrás del subtipo del instinto sexual del líder es *posesión*. Este es el subtipo rebelde; son pioneros a los que les gusta romper las reglas. Quieren cambiar el mundo sin pedir disculpas por ello y por eso son tan impulsivos e intensos. Buscan fuerza e influencia para dedicarse a liderar causas significativas.

Social: Solidaridad

La palabra clave detrás del subtipo del instinto social del líder es *solidaridad*. Este es el contratipo del tipo 8. Más que estar centrados en ellos mismos o anteponer sus necesidades, les gusta usar sus habilidades para servir a los demás. No les gustan las injusticias y protegen a sus seres queridos de ellas. Aunque no les gusta exponer sus sentimientos, reciben bien las críticas constructivas de su círculo más cercano.

Tipo 9

Conservación: Apetito

La palabra clave detrás del subtipo del instinto de conservación del pacificador es *apetito*. Se preocupan por sus necesidades físicas y su bienestar personal, como dormir lo suficiente o comer bien. A veces, esto podría entenderse como un comportamiento autocomplaciente. Disfrutan pasando tiempo solos, tranquilos y teniendo equilibrio en sus vidas, volviéndose irascibles si alguien rompe ese equilibrio.

Sexual: Fusión

La palabra clave detrás del subtipo del instinto sexual del pacificador es *fusión*. Su sentido del bienestar personal y la comodidad depende mucho de sus relaciones con los demás. Prefieren estar rodeados de gente antes que estar solos, lo que podría suponer un reto para ellos. Suelen fluir con las preferencias, necesidades y opiniones de su círculo en vez de centrarse en las propias, incluso sacrificándolas si es necesario.

Social: Participación

La palabra clave detrás del subtipo del instinto social del pacificador es *participación*. Este es el contratipo del tipo 9. Amistosos y comedidos, dan un paso al frente siempre que un grupo necesite un mediador, incluso llegando a hacer sacrificios personales por el bien del grupo. Ponen sus propios problemas a un lado, incluso esconden su dolor y muestran una cara feliz para evitar preocupar a los demás con sus problemas. Les gusta hacer felices a sus seres queridos.

Capítulo 5: Consciencia Propia y Crecimiento a través de tu Tipo de Personalidad

Ahora que ya has descubierto tu tipo y subtipo de personalidad, es importante que consideres las acciones y los pasos que te ayudarán a crecer para ser más consciente de ti mismo. Como puedes adivinar, las distintas personalidades tienen diferentes acciones y recomendaciones para su viaje hacia la consciencia propia. Por lo tanto, examinemos cada tipo de personalidad individualmente para ayudarte a identificar qué funciona mejor para el tuyo.

Tipo 1: Perfeccionista

Tu principal preocupación debería ser recuperar tu serenidad para ser más zen. Con el fin de crecer como persona, debes aprender a dejar ir tu reticencia y aceptar que, solo porque las cosas no parezcan perfectas, no significa que sean malas o que no merezcan la pena. Para conseguir eso, una buena idea sería relajarte, tomarte algo de tiempo para ti y liberar la carga mental que viene con tu rutina diaria. Puede ser difícil, pero necesitas entender que no hacer o no conseguir algo no es necesariamente algo malo. Incluso si sientes que eres el salvador del mundo, no es el caso y no deberías intentar ser un superhéroe.

Como tipo 1, deberías aprender a aceptar no solo tus imperfecciones, sino las de los demás también. Esto te ayudará a resolver problemas con los demás, ya que tendrás la mente más abierta a sus opiniones.ser así de tolerante te permitirá perdonar sus errores más fácilmente. Como tienes un talento natural para enseñar, es importante que aprendas a ser paciente, especialmente en lo que se refiere a los cambios. Puede que aceptes los cambios rápidamente, pero puede no ser así para todo el mundo. Aun así, eso no significa que no vaya a suceder nunca.

Usa afirmaciones positivas para guiarte, tales como 'la vida es perfecta tal como es', 'elijo ser flexible, adaptable y aceptar los cambios' o 'elijo ser amable, compasivo y comprensivo'. Esto te ayudará a entrar en contacto con tus emociones a la vez que seguirás teniendo ese lado inteligente, razonable y lógico que hay en ti.

Tipo 2: Servicial

Si eres una persona servicial que busca crecer personalmente, tu área de preocupación debería ser ganar humildad al ser más consciente de tus motivaciones. Primero, deberías aprender a diferenciar entre cubrir tus necesidades y no ser demasiado necesitado; evitarás ser demasiado apegado y te volverás una persona más emocionalmente consciente.

Como das amor incondicionalmente, se te dan bien las relaciones. Sin embargo, a veces puede distraerte de cuidar de tus necesidades porque estás demasiado preocupado cuidando las de tu pareja.mantén tu naturaleza genuina y cariñosa, pero esfuérzate más por cuidar de ti y de tus necesidades primero.

Como ya hemos establecido, disfrutas ayudando a los demás y es una naturaleza enérgica que deberías seguir reforzando. Pero puedes ajustarla ligeramente de dos formas. Primero, pregúntale a la gente lo que realmente necesitan antes de hacer algo por ellos o ayudarlos. Segundo, lucha contra la tentación de recordarle a la gente lo que has hecho por ellos después de haberlo hecho. En su lugar, déjalo estar y deja en sus manos decidir si agradecértelo o no en vez de hacerlos sentir incómodos. Tus afirmaciones positivas deberían variar entre querer a los demás y a ti mismo de forma incondicional y ser perfectamente claro sobre tus intenciones.

Tipo 3: Triunfador

El verdadero crecimiento y el desarrollo personal de un triunfador vienen en forma de sinceridad. Esto empieza con ser honesto contigo mismo y con los demás, en especial sobre tus sentimientos. Sé auténtico y resiste la tentación de alardear o tratar de impresionar a los demás. Tómate un tiempo libre de tu día a día tan ocupado para conectar con tus seres queridos; puede ayudarte a desarrollar relaciones más amorosas.

La ambición es una gran cualidad a la que deberías aferrarte y que puedes mejorar tomándote descansos regulares para evitar el agotamiento. Esos descansos pueden darte la oportunidad de conectar contigo mismo y recargar tus baterías. Tomarte un descanso también puede ayudarte a entender que el éxito no descansa solamente sobre tus hombros, permitiéndote considerar el trabajo en equipo.

Evita hacer lo que es aceptable solo para ser aceptado y, en su lugar, tómate el tiempo necesario para crecer y descubrir tus valores. La afirmación positiva más importante que debes repetirte es que eres auténtico a pesar de tus errores e imperfecciones.

Tipo 4: Sensible

Lo más importante para ti es entender que tus sentimientos no son una fuente verdadera de apoyo. Intenta evitar trabajar en función de tu estado de ánimo; el trabajo significativo no debería esperar hasta que estés de buen humor. No importa lo pequeña que pueda ser tu contribución a un proyecto, hacer esas contribuciones puede ayudarte a descubrir tus talentos y habilidades especiales.

Con el fin de desarrollar tu seguridad en ti mismo, deberías enterrar el sentimiento de 'perder la cabeza' y volver al buen camino. La mejor forma de hacerlo es desafiarte física y emocionalmente, en el trabajo o en una relación – el compromiso puede sacar o mejor de ti. Si el desafío te estresa demasiado, deberías darte un poco de tiempo y espacio para desestresarte a través de la comunicación con tus seres queridos.

Por mucho que disfrutes de largas conversaciones en tu imaginación, deberías bajar un poco su intensidad y, en su lugar, usar ese tiempo para construir relaciones reales con tus seres queridos mediante conversaciones de verdad. Practica la ecuanimidad y encuentra alegría en el presente.

Tipo 5: Pensador

Creces espiritualmente y ganas consciencia propia cuando te das a los demás. Es normal tener conflictos internos y deberías aprender a resolver esas cosas; te ayudará a la hora resolver conflictos con los demás. Tener un amigo con el que te sientas cómo aun estando en conflicto es un plus para tu crecimiento personal.

Como eres tan intenso, puede resultarte difícil desconectar y dejar las cosas ir; esto puede conducir fácilmente a formas poco saludables de lidiar con el estrés, como el abuso de alcohol y drogas. Si te sientes estresado, apóyate en hacer ejercicios o técnicas de biofeedback que transformarán tu energía nerviosa en motivación útil para seguir adelante.

Tu capacidad mental es un regalo extraordinario, pero puede sacarte del aquí y el ahora. Puedes incluso ahogarte en tu capacidad mental. Intenta expresar tus pensamientos e ideas a los que te rodean tanto como te sea posible. Esto no solo te hará un mejor comunicador, sino que además te ayudará a cubrir tus necesidades.

Tipo 6: Leal

Tu camino espiritual consiste en dejar ir el miedo porque, después de todo, atraes lo que piensas. Aprende a estar presente en tu propia ansiedad porque la gente es más ansiosa de lo que piensas y no es algo inusual. Si entras en contacto con tu ansiedad, serás capaz de controlarla y puede que incluso seas capaz de convertirla en un poderoso tónico para energizarte y volverte más productivo.

Cuando estás bajo presión, puedes ver que te vuelves irascible, enfadado o sencillamente competitivo. Esto puede hacer que culpes a otros de tus propios defectos; es importante que seas consciente de tu pesimismo y encuentres formas creativas de lidiar con él. Aprende a identificar qué te hace reaccionar desproporcionadamente y averigua cómo controlar tus pensamientos sobre esas cosas. Deberías recordarte siempre que las cosas no son tan malas como parecen y que lo que es 'muy malo' es principalmente tu imaginación reaccionando de forma desproporcionada. Controlar eso puede ayudarte a resolver problemas más rápidamente y de una forma más lógica.

La confianza es un gran problema para este tipo de personalidad, pero si quieres crecer necesitas estar más seguro de ti mismo. Encuentra personas en tu vida que se preocupen por ti y que confíen en ti. Ábrete a ellos sobre tus emociones, pensamientos y necesidades, permitiéndote ser más cercano con ellos.como tienes un don innato para gustarle a la gente, diles cómo te sientes con respecto a ellos y te darás cuenta de que te vuelves menos ansioso, más cómodo y con los pies en la tierra en tu propia piel.

Tipo 7: Entusiasta

Consigues crecer cuando no dependas de los puntos álgidos de la vida porque serás capaz de sumergirte en la verdadera naturaleza de le existencia, que también incluye momentos bajos. Una forma de hacerlo es observar tus impulsos y no caer en ellos; cuanto más te resistas, más capaz serás de centrarte en lo verdaderamente importante.

En lo que a experiencias se refiere, es mejor elegir calidad frente a cantidad. No te pierdas lo que está pasando ahora por estar demasiado preocupado anticipando el futuro. El presente tiene mucho que enseñarte, al contrario que el futuro, y por mucho que lo desees, nunca serás capaz de predecir o prepararte completamente para nada.

Como eres un visionario, deberías aprovechar oportunidades que te permitan pensar y generar nuevas ideas. Te darás cuenta con el tiempo que hacer eso te da alegría, saca versiones más sociables de ti mismo y descubrirás algunos talentos.

Tipo 8: Líder

Eres consciente de que sobrevaloras el poder y te encanta tener el control de todo. Sin embargo, si quieres crecer, necesitas llegar a la conclusión de que la verdadera fuerza reside en el perdón porque es una señal de valentía mucho más fuerte. Cuando estés en el poder, asegúrate de actuar como un líder y no como un jefe; guía con el ejemplo en vez de simplemente dar órdenes. Eso te convertirá en mejor comunicador y trabajador.

Por mucho que puedas pensar que el mundo está en tu contra, deberías hacer las paces con el hecho de que se fijan en ti para establecer un listón. Creer que esas personas están en tu contra daña tus relaciones porque acabas alienándote de ellos. Identifica a las personas que están de tu lado y hazles saber que tú también te preocupas por ellos; no solo mejorará tu relación, sino que además te dará mucha más seguridad.

Algunas de las afirmaciones positivas que deberían regir tu vida son 'puedo ser amable y fuerte al mismo tiempo', 'tiendo mi mano para ayudar a quienes necesitan apoyo' y 'acepto cada parte de mí, incluyendo mis debilidades'.

Tipo 9: Pacificador

Aunque puedas estar acostumbrado a soñar despierto, te mantienes en sintonía con la gente. Intenta involucrarte más tanto física como mentalmente para que seas un miembro activo de la sociedad. Eso mejorará tus habilidades interpersonales y convertirá tus relaciones en mejores oportunidades de comunicación.

Para ser más consciente de tu cuerpo y tus emociones, deberías hacer ejercicio. No solo es una forma saludable de ganar autodisciplina, sino que además te ayuda a aumentar tu consciencia sobre tus sentimientos y emociones. La consciencia corporal te ayudará a centrar tu atención en otros aspectos de tu vida. Es también una gran forma de liberar estrés y agresividad.

Repite afirmaciones positivas como estar en contacto con el mundo que te rodea y trabajar en tus necesidades personales que estén más cerca de tu corazón. Esto te dará una energía sorprendentemente tranquila y te ayudará a entender que no necesitas perderte entre los demás para ser aceptado, querido o para simplemente mantener la armonía.

Capítulo 6: Eneagrama, Relaciones y Amistades

Las relaciones ocupan una parte significativa de nuestro tiempo y nuestra atención, aunque sigan siendo uno de los grandes misterios de la vida. El eneagrama proporciona los arquetipos de personalidad para diferentes individuos y sugiere emparejamientos adecuados, con las potenciales ventajas y desventajas que vienen con cada uno.

Tipos 1 y 2 del Eneagrama

Lo que Aportan a la Relación

Los tipos 1 y 2 se complementan porque ambos se dedican a ayudar a los demás y servir a su comunidad, sin importar lo grandes que puedan volverse sus responsabilidades. Eso significa que, a veces, sus trabajos o las necesidades de otras personas se llevan más atención que su relación, pero también que son capaces de aplicar su ética laboral y sus principios a su relación. Maduros e independientes, ambos pueden tener sus necesidades emocionales cubiertas por un amplio abanico de personas, incluyendo sus compañeros de trabajo. Cada uno aporta lo que al otro le falta, para los tipo 1 es la habilidad de dejar ir las cosas y relajarse y para los tipo 2 es integridad y consistencia.

Posibles Conflictos

Se centran tanto en ayudar a los demás que pueden desatender sus propias necesidades. Los tipo 1 piensan que la vida es demasiado seria y mantienen bajo control sus impulsos en todo momento. Los tipo 2 piensan que las necesidades de los demás son tan importantes que tienen que cubrirlas antes incluso de tener necesidades propias. Ambos tienen dificultades para compartir sus sentimientos y ven el admitir lo que realmente quieren como un acto de egoísmo. Esa incapacidad para expresar lo que realmente piensan puede hacer que se distancien.

Tipos 2 y 4 del Eneagrama

Lo que Aportan a la Relación

A ambos les gusta compartir sus sentimientos, haciendo que sea una relación muy cálida. Representan un lugar seguro el uno para el otro. Los tipo 2 le dan a los 4 la seguridad que necesitan y los tipo 4 ayudan a los 2 a identificar y cubrir sus necesidades. Los tipo 2 son generosos y alentadores, los tipo 4 son creativos y honestos emocionalmente hablando. Se ayudan mutuamente a olvidar lo que los demás puedan pensar y a centrarse en quienes son y lo que sienten.

Posibles Conflictos

Pueden convertirse en más amigos que pareja. Pueden tener los mismos problemas emocionales y eso es un arma de doble filo; pueden entenderse profundamente, pero también pueden molestarle las mismas cosas. Son necesitados de afecto y pueden volverse demasiado exigentes con el tiempo, haciendo que la relación suponga un esfuerzo mayor del que ninguno de los dos está dispuesto a hacer.

Tipos 3 y 3 del Eneagrama

Lo que Aportan a la Relación

Como es de esperar, se ofrecen uno al otro las mismas cualidades que ya tienen. Como sucede con los tipos 2 y 4, esto también puede ser un arma de doble filo porque esas similitudes pueden ser tan atractivas como problemáticas. Buscan grandeza a través del trabajo duro, siempre intentando sacar lo mejor de lo que hacen y de su relación. Son encantadores y saben venderse bien, incluso entre ellos. Se motivan y se dan espacio para crecer por su cuenta, permitiéndose alcanzar objetivos personales para ser capaces de impresionar a su pareja. A menudo se les ve como la pareja ideal y suelen ser relaciones de larga duración.

Posibles Conflictos

Son muy solidarios y siempre celebran los éxitos de su pareja, pero pueden surgir problemas si se comparan entre ellos. La relación puede coger el camino equivocado si se vuelven demasiado competitivos y ven amenazado su orgullo propio. Otro problema podría ser que percibieran la relación como una distracción que evita que alcancen el éxito. Eso y no ser capaces de hablar sobre sus sentimientos puede hacer que pasen de ser una pareja a dos personas aisladas.

Tipos 4 y 5 del Eneagrama

Lo que Aportan a la Relación

Ambos tipos tiene una naturaleza reservada y ven el mundo desde perspectivas distintas. Los tipo 4 son más emotivos y los tipo 5 son intelectuales, pero se respetan y, como son muy tolerantes, disfrutan con esas diferentes perspectivas. Se estimulan mutuamente y tienen grandes habilidades de comunicación que son la guinda del pastel de su relación. Su éxito como compañeros reside en permitirse ser ellos mismos.

Posibles Conflictos

Una de las cosas que los une puede ser también la que cause problemas. Y se trata de sus distintas formas de ver la vida. Los tipo 4 son emotivos y los tipo 5 son pensadores, por lo que los tipo 4 pueden ser un poco exigentes en el terreno de la intimidad, mientras que los tipo 5 necesitan más espacio. Los tipo 4 pueden ver esa necesidad de espacio como indiferencia y, por el otro lado, los tipo 5 pueden sentir que esas exigencias emocionales consumen toda su energía. Si los tipo 5 se sienten abrumados, pueden necesitar algo de tiempo a solas y eso puede hacer que los tipo 4 los necesiten aún más, creándose una espiral interminable.

Tipos 6 y 1 del Eneagrama

Lo que Aportan a la Relación

Los tipos 1 y 6 son muy parecidos en muchos aspectos. Ambos valoran el trabajo duro, tienen un gran sentido del honor y viven para servir a los demás. También aportan sus cualidades individuales a la relación. Los tipo 1 tienen mentes racionales y son capaces de pensar con claridad y tomar decisiones sin importar la situación. Suelen ser los líderes de la relación, ya que los tipo 6 tienen una naturaleza más emotiva y cálida. Sus diferencias están en equilibrio, haciendo de esta una pareja estable que pueden apoyarse el uno en el otro. Tienen confianza suficiente como para darse espacio para relajarse cada uno por su cuenta.

Posibles Conflictos

Los tipo 1 no trabajan bien bajo presión y en esas circunstancias es difícil estar cerca de ellos, pero eso es contraproducente porque hace que piensen que los demás no están trabajando todo lo que deberían. Pueden volverse rencorosos y eso puede pasarle factura a los tipo 6, hasta el punto de cuestionarse el futuro de la relación. Para los tipo 6 es difícil abrirse sobre sus sentimientos y eso puede hacer que se aíslen ellos mismos, cosa que aumenta el resentimiento de los tipo 1.

Tipos 6 y 3 del Eneagrama

Lo que Aportan a la Relación

Forman un gran equipo, aunque no es frecuente verlos románticamente involucrados. Trabajadores, enérgicos y optimistas, los tipo 3 aportan seguridad a la relación; cálidos y solidarios, los tipo 6 aportan compasión y perseverancia. Esperan lo mismo de la vida y trabajan para conseguirlo, es eso lo que los mantiene unidos. Sus principios y cualidades humanistas hacen que sea una relación duradera.

Posibles Conflictos

Todo va bien en una relación saludable, pero si las cosas empiezan a desmoronarse pueden acabar viendo el peor lado de cada uno. Comparten los mismos rasgos negativos, son inseguros y evitan hablar sobre sus sentimientos. Sacan a la superficie las debilidades del otro y ambos pueden llegar a mentir para cubrir sus acciones. Cuando una mentira lleva a otra, pueden acabar sin emociones reales entre ellos.

Tipos 6 y 8 del Eneagrama

Lo que Aportan a la Relación

Tanto los tipo 6 como los 8 tienen una actitud defensiva hacia el mundo y eso es por lo que comparten un vínculo tan fuerte. Ninguno de ellos confía demasiado en otras personas, los ven como egoístas y predecibles. Es por eso que forman fuertes alianzas, especialmente los tipo 6, y manejan sus propios asuntos. Ambos tienen un conjunto de valores y principios incuestionable, defendiendo lo que es correcto y a quienes no pueden defenderse por sí mismos. Los tipo 8 actúan como líderes y los tipo 6 como sus consejeros sin otra cosa más que admiración mutua.

Posibles Conflictos

Ninguno de ellos es abierto sobre sus sentimientos, escondiendo especialmente sus vulnerabilidades. Se esconden detrás de máscaras de fortaleza y una armadura defensiva, aunque ambos piensan que la mejor defensa es una buena ofensa. Por lo general, los tipo 8 adoptan el rol de líder con el beneplácito de los tipo 6, pero puede pasar que los dos quieran tener el control y es ahí donde surgen problemas. Si quieren estar juntos, necesitan asegurarse de que no se faltan al respeto ni se traicionan entre ellos.

Balance Final

Con el fin de *individuar*, según Carl Jung, hay algunas cosas que podemos desarrollar nosotros mismos como disciplina, concentración, contención y lealtad. Todos esos son atributos atractivos a la hora de conseguir un compañero, sin embargo, no todos los tipos del eneagrama tienen las mismas proporciones de dichas cualidades. Un detalle en el que debemos fijarnos es que no debemos dar por sentados los emparejamientos antes mencionados, ya que cada uno es libre de fomentar los rasgos que consideremos para potenciar nuestra verdadera esencia. Tienes que recordar que tus reacciones dependen de ti el cien por cien de las veces. Tu pareja es un buen espejo en el que reflejarte claramente porque es la representación de cómo tratas a tu círculo más cercano.

Analizar cada tipo de personalidad y aquellos que son más compatibles contigo te ayudará a crecer más rápido y ser más fuerte. Es importante que recuerdes también que leer sobre los tipos de personalidad no tiene fines únicamente amorosos. Puede ayudarte inmensamente a darte cuenta de quien eres y la mejor manera de vivir una vida más serena y plena, aprovechando los rasgos que más destacan en ti.

Conclusión

Felicidades por terminar *Eneagrama*. Espero que ahora tengas una mejor comprensión de tu tipo de personalidad y el de quienes te rodean. El Eneagrama es una poderosa guía para encontrar tus fortalezas y usarlas a tu favor, así como para encontrar las fortalezas de tus familiares y amigos, de manera que puedas usarlas para construir una mejor relación con ellos.

Si has encontrado este libro útil de alguna forma, por favor, deja una reseña positiva en Amazon, ya que eso me permitirá seguir produciendo libros de calidad. Gracias.

Aquí tienes una tabla vacía para que puedas rellenarla y encontrar tu tipo de personalidad.

		Tipo	9	6	3	1	4	2	8	5
		En desacuerdo	A	B	C	D	E	F	G	H
sido imaginativo y ántico										
sido realista y pragmático										
go tendencia a evitar las rontaciones										
go tendencia a las rontaciones										
o ser directo, idealista y ial										
o ser diplomático, icioso y encantador										
ntentado ser intenso y rado										
gustan la diversión y la ontaneidad										
una persona reservada y no robado a mezclarme mucho otras personas										
sido hospitalario y he rutado dejando entrar gos en mi vida										
eralmente, ha sido difícil seguir un aumento										
eralmente, ha sido fácil seguir un aumento										
sido un idealista nánimo										

Statement													
nás pícaro o idealista													
itado dar afecto a otras													
rido mantener la con otros individuos													
portunidad de una periencia, me pregunto utaré													
portunidad de una periencia, me pregunto il para mí													
centrarme demasiado ecesidades													
ipo de persona que se ás en los demás													
inseguro sobre muchas oco seguro de mí													
ensación de ser muy e mí mismo													
rsonas han dependido isión y fuerza que lo													
rsonas han dependido cimiento y la iva que tengo													
tar más orientado a los que a las relaciones													
tar más orientado a las es que a los objetivos													

...soy muy capaz de hablar por ...nismo												
...muy abierto por lo que he ...o cosas que otros habrían ...ado atreverse a decir												
...es difícil ser más flexible y ...arme las cosas con calma												
...es difícil parar con las ...nativas y hacer algo ...nitivo												
...go tendencia a la ...rastinación y la duda												
...go tendencia a ser ...inante y valiente												
...ecesidad de que los demás ...endan de mí me ha buscado ...lemas con ellos												
...dudas a la hora de ...lucrarme me ha buscado ...lemas con los demás												
...go la capacidad de dejar los ...imientos de lado y hacer lo ...haga falta												
...go que abrirme paso a ...és de mis emociones para ...r lo que hace falta												
...aventurero y he corrido ...gos												
...meticuloso y cauto												
...serio y reservado, con ...encia a discutir las cosas												
...generoso y solidario, me ...a la compañía de la gente												

o la necesidad de la forma correcta														
o la necesidad de ser le apoyo														
eresado en mantener idad y la paz														
eresado en hacer s difíciles mientras o cierta independencia														
adoso y sentimental														
ótico y práctico en los de pensamiento														
upa que otros se en si bajo la guardia														
upa estarme o conexiones con otros														
o de decir a los demás nen que hacer molesta es queridos														
mbre de estar aislado a los demás														

ndo un problema saca lo de mí, me consiento para ar el estrés												
ndo he tenido problemas, odido trabajar en ellos y erlos desaparecer												
e dependido de otros, he o las cosas por mí mismo												
lependido de amigos y ellos len depender de mí												
stado absorto en mí mismo lhumorado												
ido despreocupado y onectado												
gusta consolar y calmar a lemás cuando están esados												
gusta despertar y desafiar a s personas												
serio, ahorrador y iplinado												
despreocupado y sociable												
gusta que la gente sepa mis lezas y lo que sé hacer bien												
tímido acerca de mis lezas y habilidades												
er comodidad y seguridad ás importante que otros reses y preferencias												
eguir mis intereses es más ificativo que tener odidad y seguridad												

conflicto con otra ara vez me echo atrás conflicto, me echo retiro													
ido por mi sentido del ni inquebrantable timista													
ido por mi ad y mi generosidad al como individuo													
mi éxito se debe al causar una buena													
o el éxito a pesar de interés por el de habilidades onales													
					Total								
					Columna	A	B	C	D	E	F	G	H	I
					Tipo	9	6	3	1	4	2	8	5	7

¡La columna con el número más alto representa el tipo de personalidad que tienes!

www.ingramcontent.com/pod-product-compliance
Lightning Source LLC
Chambersburg PA
CBHW050320010526
44107CB00055B/2334